**SCHWERKRAFT?
NA WENN SCHON!**

IMPRESSUM

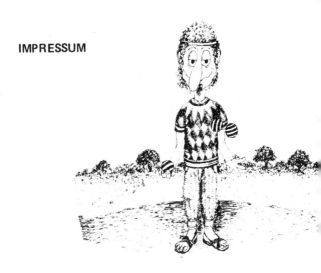

JONGLIEREN LEICHT GEMACHT
Der Grüne Zweig 74

4., üppigst erweiterte Auflage
Text: Ronald Rippchen
Cover und Zeichnungen: Gerd Hosumbek

Mit Rat und Tat dabei: Renaldo Larifari, Karl-Heinz
  Ziethen, Hermann Sagemüller, Scotty UFA,
  Pat Röder, Heinz Dreesen, Ernestowitsch Baumann
Satz: Petra Petzold
Druck: Stowasser, Aßlar

Herausgeber: Werner Pieper · Die Grüne Kraft
  D-6941 Löhrbach im Odenwald · Alte Schmiede

ISBN 3-922708-74-9

JONGLIEREN LEICHT GEMACHT

Text:
RONALD RIPPCHEN
Illustrationen:
GERD HOSUMBEK

GRÜNER ZWEIG 74

INHALT

Vorwort von Karl-Heinz Ziethen 8

EINLEITUNG & VORBEREITUNGEN 10
GRUNDAUSBILDUNG – Kurzfassung 18

Die Dusche (oder der Kranz) 20
Der Wasserfall (oder der Shower) 20
Die Fontaine 22

GRUNDAUSBILDUNG – ausführlicher 26

Das Tropfen 26
Der Wurf 28
Der Wechsel 31
Der Jong 37
Spezialprobleme 40
Tricks 46

BÄLLE 49

Scheinwürfe 50
Doppser 51
Körperstellungen 52
Außenseitenjonglieren 55
Zu zweit 56
Vier Bälle 61
Fünf Bälle 62
Six Pack 63

RINGE 64

Doppelte Fontaine 66
Kaskade (Wasserfall/Shower) 67
Paarweise 68
Fünf Ringe 69

KEULEN 70
- Drei Keulen 71
- Zwei Keulen in einer Hand 72
- Unterm Knie durch 73
- Von hinten 74
- Vier Keulen 75

GRUPPENJONGLIEREN 76
- Paarweise mit 6 Ringen 78

FACKELN 79
SUPERTRICKS 80
- Michael Kara 82

ANHANG 84
- Konstruktive Fehlerverarbeitung 84
- Die akademische Sichtweise von Heinrich Dreesen 86
- Straßenarbeit von Georgeo 89
- So wurde ich Renaldo Larifari von R. L. 92
- 25 Jahre Jongleur Archiv von E. Falkenberg 97

BEZUGSQUELLEN 99
BÜCHER HINWEISE 100
BAUANLEITUNGEN 104
- Bälle 104
- Keulen 106
- Fackeln 108

BILDER 110

Karl-Heinz Ziethen, rechts im Bild, mit dem
derzeit welterfolgreichsten Jongleur Kris Kremo

VORWORT

Jongleure sind überall dort zu treffen, wo es um das Amusement der Menschen geht, einer Unterhaltung um ihrer selbst willen. Die Kunst des Jonglierens gehört zu den ältesten Betätigungen des menschlichen Spieltriebs und steht mit dem Ballspiel im Zusammenhang, das schon die alten Völker pflegten. Nicht nur im Gruppenspiel diente der Ball zur sportlichen Unterhaltung, sondern gerade bei Frauen war dieses Spiel besonders beliebt. In den ägyptischen Grabkammern von Beni Hassan ist uns ein Fresko erhalten, das vier Frauen jonglierend zeigt. Es kann auf ca. 1900 v. Chr. datiert werden und ist wohl die älteste Darstellung in der Geschichte des Ballspiels.

Das Jonglieren gehört zu den Genres der Artistik, die verhältnismäßig schnell erlernbar und auch ohne größere Umstände ausführbar sind. Das Jonglieren erfordert keine besonders konstruierten oder eingerichteten Räume. Das sind wohl auch die Gründe dafür, daß es in diesem Zirkusgenre wesentlich mehr Laienkünstler gibt, als auf dem Gebiet der verschiedenen anderen Zirkus-Genres. Hinzu kommt noch, daß die Jonglerie wie kaum eine andere artistische Spezies unbegrenzte Möglichkeiten der Abwandlung bietet.

Das Jonglieren hat sich in den letzten Jahren immer größere Popularität unter der Jugend errungen. Nun war es bisher leider so, daß viele Amateur-Neulinge nicht wußten, wie man sich durch Selbststudium dieses interessante Genre der Zirkusartistik aneignen kann. Nun, das vorliegende Büchlein „Jonglieren — leicht gemacht" soll diese Aufgabe erfüllen.

Karl-Heinz Ziethen

WARUM? – DARUM!

Warum nur will jemand jonglieren? Ich meine, warum etwas hochwerfen, wenn es allemal immer wieder runterkommt. Die Astronauten sind auch alle wieder runtergekommen, aber bislang hat noch niemand im All jongliert, außer IHM/IHR mit der großartigen Planetennummer. Wie jongliert man in der Schwerelosigkeit?

Zurück zum Thema. Es gibt einige sehr gute Gründe, das Jonglieren zum Zeitvertreib zu machen. Sehr wichtig dabei ist natürlich das eigene Bewußtsein. Lernt man Jonglieren nur weil man Langeweile hat oder erhofft man sich bewußtseinserweiternde Zustände?

Das Jonglieren stärkt und trainiert verschiedene Körperteile: die Hände, Handgelenke und Arme. Es fordert dein Nervensystem heraus und die Augen dazu. Die Koordination der Bewegungen und Abläufe wird einem nicht mit in die Wiege gelegt, sie muß gelernt werden. Bei voller Konzentration und gesteigerter Aufmerksamkeit kann man durchaus zum ,,Alles ist Eins'' und einer damit verbundenen Bewußtseinserweiterung gelangen. Auf jeden Fall verhilft es zu einem bewußteren Körpergefühl.

Die Psyche freut sich über jedes Erfolgserlebnis. Wenn ein Trick nach intensivem Training plötzlich gelingt, wenn man gar lieben Mitmenschen eine schöne Zeit machen kann, dann siedet das Adrenalin und der Anzeiger auf der Freude-Skala in deinem Hirn springt drei Punkte nach oben.

Es gibt wenig bessere Wege, sich nach einem harten Tag zu entspannen und Körper und Geist wieder in Einklang zu bringen.

Im Zusammenspiel mit anderen gibt es doch nichts Schöneres als Harmonie. Das ist beim Singen so wie in der Liebe; ein gemeinsamer Rhythmus, ein synchroner Ablauf der Bewegungen, ein gemeinsames Bewegungskunstwerk.

Es ist eine wundervolle Synthese von Fähigkeiten: Form und Bewegung; der bewußte Energiehaushalt: ein Optimum an Leistung bei einem Minimum von Bewegung; innere Ruhe und Ausgeglichenheit; körperliche Balance und Kontrolle der Abläufe. Jonglieren gibt dir die Möglichkeit, deinen Körper zu beobachten und zu zentrieren. Du schiebst die Emotionen zur Seite und wirst deiner selbst bewußt.

Jonglieren fördert Kontakte, und es ist nicht verwunderlich, daß es im Gegensatz zu anderen Kunstaktivitäten bei Jongleuren üblich ist, einander zu helfen. Es gibt keine Konkurrenz, es herrscht die Kooperation vor. Und wie leicht wird man vom Schüler zum Lehrer und umgekehrt.

Es ist harte Knochenarbeit, wenn man als Jongleur immer mehr und höher hinaus will – aber drei Bälle reichen schon aus, um einen besseren Menschen aus dir zu machen.

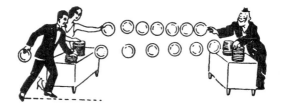

BEIM ERSTEN MAL DA TUT'S NOCH WEH —
DOCH MIT DER ZEIT SO PÖ A PÖ...

Mein Freund Eddy erbte vor 15 Jahren von seinem Vater eine Jongleurausrüstung. Eddy hatte damals nichts zu tun, also fing er an zu üben. Mit Äpfeln und Keulen, auf ebener Erde und auf seiner fantastischen großen Glitzerkugel. Sein erster öffentlicher Auftritt während eines Rockkonzert war für ihn eine große Blamage: die Erdanziehungskraft überwältigte seine fliegenden Objekte immer wieder. Für das Publikum (& mich als Veranstalter) war es einfach toll; was den Musikern nicht gelang, klappte bei ihm vorzüglich: Er hatte die Aufmerksamkeit aller im Raume auf sich gezogen, es war absolut ruhig und der Höhepunkt des Abends. Jahre später trafen wir uns wieder, inzwischen jongliert er im Varieté und ist erfolgreich.

Heute sieht man wieder öfters Jongleure und noch mehr Übende. Sei es in Parks, auf Festivals oder auf Plätzen in der Stadt, immer mehr Menschen widmen sich der Spielerei mit der Schwerkraft.

Die Illustrationen für dieses Heft wurden in einem Knast in Belgien gefertigt. Zwei inhaftierte Jungs dort wollten etwas Beschäftigung. Unter den von der Redaktion vorgeschlagenen Themen war auch das JONGLIEREN. Sie machten sich an die Arbeit, und mit den wunderschönen Bildchen kam auch gleich der Lagebericht: „Alle von unserem Stockwerk wollten beim nächsten Einkauf Apfelsinen — der ganze Knast jongliert." Wunderbar. Man sagt, daß man das Jonglieren nicht mehr verlernt, wenn man es einmal kann.

Die folgenden Anleitungen und Tips machen es dir hoffentlich etwas leichter, es zu lernen.

Leser Jürgen Trapp fing auf Grund der 1. Auflage dieses Büchleins an zu jonglieren. Heute arbeitet er auf der Straße und mit zwei Freunden im Varieté.

Und dies Büchlein geht mittlerweile in die 4. Auflage.

EINE GRUNDLEGENDE KURZÜBERSICHT

Jonglieren kann man mit allem, was man werfen kann. Man sollte jedoch erstmal mit gleichförmigen Gegenständen jonglieren. Am einfachsten ist es, mit kleinen gefüllten Stoffsäckchen anzufangen — am besten mit Reis gefüllt, siehe auch unsere Bauanleitung — die rollen nicht so leicht weg wie Bälle. Außerdem kann man sie sich leicht selber nähen. Das Gewicht spielt auch eine Rolle, Tennisbälle* z.B. sind etwas zu leicht. Nach etwas Übung hast du dein ideales Gewicht bald raus.

Übe überm Bett, am besten vor einer einfarbigen Tapete bzw. Wand. Normalerweise wird angenommen, Jonglieren sei eine dreidimensionale Angelegenheit. Das ist nicht korrekt, zumindest nicht in den Anfangsstadien. Die Säckchen (oder was auch immer) sollten nur in einer vertikalen Links/Rechtsbewegung gehalten werden (bzw. bei Linkshändern andersrum!). Sobald ein Säckchen zu weit nach vorn oder hinten fliegt, gibt's Schwierigkeiten. Konzentrier dich auf das Säckchen, das du wirfst. Es soll ohne Drehungen einen Bogen fliegen. Warte mit dem Fangen, bis es wieder auf die richige Fanghöhe gefallen ist, fang es nicht zu hoch. Denk dran: die Erdanziehungskraft arbeitet mit. Laß das Säckchen oder den Ball zu dir kommen.

Anfänger dürfen sich nicht allzuschnell frustrieren lassen. Am Anfang scheint alles viel zu schnell abzulaufen. Für manche ist es förderlich, ersteinmal mit Taschentüchern anzufangen, um den Bewegungsablauf in langsameren Stadien verfolgen zu können. Andere üben mit Bällen auf einem stark angeschrägten Tisch. Je besser es klappt, um so steiler wird die Tischplatte gestellt. Der Tip kam vom Herrn Galilei, der so die Bewegungen fallender Körper studierte.

---

* Tennisbälle kann man z.B. mit Hilfe einer Spritze mit Wasser fixen, bis sie das richtige Gewicht haben — dann springen sie auch nicht mehr so arg...

MÖGLICHE HINDERNISSE
UND DEREN BESEITIGUNG

Wenn du anfängst, nicht nur in deinen eigenen vier Wänden zu jonglieren, wird es dich anfangs überraschen, wie viele mögliche Hindernisse es gibt. Bälle rollen unter einen Schrank, du stolperst über eine Teppichecke, die Vase war nicht rechtzeitig in Sicherheit gebracht worden, deine Kinder wusseln dir zwischen den Beinen herum etc. Präpariere deinen Übungsraum entsprechend, und sollten dich anfangs Zuschauer in der Konzentration stören, verschließ halt die Tür und zieh die Vorhänge zu.

Bei der Arbeit draußen kann es das blendende Sonnenlicht sein, das dich zu niedrigen Würfen zwingt. Und was machst du, wenn der Wind lustig bläst: Möglichkeit 1: du stellst dich mit dem Gesicht zum Wind und er bläst dir deine Wurfstücke entgegen. Möglichkeit 2: du stellst dich mit dem Rücken zum Wind und erwirkst so einen Windschatten für deine Übung. Bei Bällen wird man den Wind nicht so arg bemerken, aber bei leichten Keulen fliegt schnell eine davon. Man kann sie natürlich für Freiluftauftritte schwerer machen, aber dann vergiß deinen Sicherheitshelm nicht.

In Räumen fehlt es einem oft an Höhe. Dein erster Bühnenauftritt kann ein Reinfall werden, wenn du plötzlich im Scheinwerferlicht stehst und nichts mehr siehst.

KÖRPERSTELLUNG

Übe in einer Umgebung/einem Raum, die/der dich nicht ablenkt. Mach dich mit dem Boden, auf dem deine Füße stehen, vertraut. Versuch dich zu zentrieren.

Stehe aufrecht. Das linke Bein sollte im Knie leicht angewinkelt und etwas nach vorn gestellt sein. Das Rückgrat ist gerade. Mach ein paar Lockerungsübungen mit den Armen und laß sie runterhängen. Schließ die Augen, atme langsam und tief durch. Konzentrier dich. Entspann den Körper. Verspannungen im Körper, vor allem im Kopf, dem Hals, Nacken und Schultern blockieren den freien Energiefluß, der deine Wurfobjekte in eine regelmäßige Bahn katapultieren soll. Je lockerer du bist, um so besser klappt die Koordination der Hände in Raum & Zeit.

Stehst du noch/wieder richtig? OK. Dann achte auf die Stellung deiner Ellenbogen. Hebe deine Unterarme an, ohne die Ellenbogen zu verschieben. Achte darauf, daß deine Vorderarme immer auf gleicher Höhe und parallel ausgerichtet sind.

Bei drei Bällen z.B. sollte die Flughöhe der Bälle weder mehr als deine Kopfhöhe betragen, noch sollten sie seitlich mehr als eine Körperbreite beanspruchen. Jeder Zentimeter weiter nach rechts oder links bringt dich den Schwierigkeiten näher.

Wenn du zwischen den Würfen etwas nachdenken möchtest, oder die Zahl der Wurfobjekte erhöhst, wird dein Spiel natürlich sofort nach oben ausweichen. Wenn du nun aber einen Ball zu hoch wirfst, mußt du raufschauen um rauszufinden, wo er denn nun ist. Das lenkt dich aber wiederum von der Stellung deiner Hände ab.

Je höher du etwas wirfst umso unwahrscheinlicher ist es, daß der Gegenstand gerade wieder herunterkommt. Stell dir vor, du würdest in einem Rahmen jonglieren und dürftest diesen zwar ausfüllen, aber nicht berühren.

Dem Spiel mit der Höhe liegt ein physikalisches Gesetz zu Grunde: wirfst du etwas doppelt so hoch, braucht es viermal so lange, bis es wieder unten ist. Das bedeutet: je niedriger der Wurf, umso weniger Zeit zum Fangen.

EINS UND EINS IST MEHR ALS ZWEI
Die Grundausbildung
(Kurzfassung)

Das Jonglieren wird oftmals mit dem Fluß des Wassers verglichen. So haben auch einige der Grundübungen recht „feuchte" Namen.

Die Dusche oder Kaskade (vormals „Kranz")

Eine Hand wirft, die andere fängt auf und „reicht" die Objekte zur ersten Hand weiter, die wiederum wirft. Der geworfene Gegenstand überfliegt den „gereichten", sodaß es zu einem Kreislauf kommt. Die meisten fangen so an, obwohl die Methode auf Dauer gesehen nicht sehr effektiv und ausbaufähig ist. Nur wenigen Jongleuren gelingt es, mit 6 Bällen zu „duschen".

Die Begriffe „Dusche" und „Wasserfall" sind neu im Jongleur-Metier. Früher gebrauchte man die Namen „Kranz" und „Kaskade" bzw. „Shower". Das brachte einige Verwirrung, weil im angelsächsischen Sprachgebrauch „Cascade" das ist, was im deutschen Sprachgebrauch ‚Shower" (!) war und umgekehrt, „Shower" in Amerika/England bedeutete „Kaskade" in Deutschland. Jetzt nenn die Kinder so, wie du willst...

Der Wasserfall (vormals „Shower")

Die normale/professionelle Methode. Die Objekte werden über Kreuz geworfen, quasi in der Form des Unendlichkeitszeichens, der liegenden Acht. Beide Hände fangen und werfen abwechselnd. Diese Methode klappt mit einer ungeraden Zahl von Objekten. Die Besten schaffen bis zu 9 Objekte. Einsame Spitze ist jedoch der Star des Moskauer Zirkus, der einen Wasserfall mit 11 Ringen beherrscht.

Fang mit zwei Bällen in deiner Rechten und einem in deiner Linken an. Wirf einen von rechts nach links und gerade wenn er anfängt sich zu senken, wirf den aus der Linken in die Rechte und dann den zweiten rechten in die Linke. Stop. Pause. Durchatmen. Hast du alle drei Bälle gefangen? Laß dich nicht entmutigen. Die meisten Menschen brauchen eine gute halbe Stunde für diese Übung.

Die Fontäne

Würfe mit einer geraden Zahl von Objekten werde
meistens paarweise vorgenommen. In jeder Hand sin
gleichviele Gegenstände, die dann anfangs simulta
geworfen werden. Nach einiger Übung schafft man e
auch, durch verzögerte Würfe und Fänge die Illusio
eines Kreislaufs zu erzeugen, obwohl ja jede Hand je
weils das auffängt, was sie geworfen hat. Dabei mu
man darauf achten, daß sich die rechte Hand oben b
findet, wenn die linke unten ist und vice versa. M
mehr als 10 Objekten hat auf diese Art noch nieman
jongliert.

MIT WAS JONGLIERT MAN?

Die üblichen Jonglierrequisiten sind Reifen, Bälle und Keulen.
Da muß jeder für sich herausfinden, was ihm am besten liegt.
Die folgende Anleitung geht von Bällen aus, die, wie schon erwähnt, anfänglich von gefüllten Säckchen ersetzt werden können.

GIBT ES GRENZEN?

Die derzeitigen Weltrekorde: 11 Reifen (Ignatov), 10 Bälle (Rastelli), 8 Keulen (von diversen Jongleuren) und ebenso 3 Teller. Die Bestzeiten fürs „Joglieren" (Jonglieren mit drei Bällen und dabei laufen) sind für 90 m 13.6 Sekunden (Heffer) und 5 Minuten und 44,7 Sekunden für die Meile (Lauziere). Niemand hat es bislang geschafft, 12 Objekte korrekt zu jonglieren. Allerdings mag es ja sein, daß der derzeitige Jonglierboom einen neuen Meister hervorbringt. Man muß halt akkurat werfen und fangen. Je höher man einen Gegenstand wirft, um so schwieriger wird es, ihn wieder zu fangen, wo man ihn fangen möchte. Wenn man einen Ball doppelt so hoch wirft, heißt das ja auch noch nicht, daß er doppelt so lange zum Landen braucht. Bei doppelter Höhe gewinnst du nur 40% mehr Zeit. Auf dem Mond wäre das alles natürlich viel einfacher.

Doch etwas Übung läßt einen das Erdenleben auch leichter bestehen. Manchen müden Augenblick kann man mit Jonglieren überbrücken, viele Kinder (große und kleine) gilt es zu erfreuen, die Wartezeiten beim Trampen verlieren ihren Stellenwert (außerdem wird man sicherlich schneller mitgenommen, als aktiver Handwerker), und es mag sogar eine Lebensperspektive erwachsen (siehe weiter hinten die Tips fürs Berufsleben von Georgeo).

OK. Jetzt nimm dir mal so ein paar (besser: drei) Säckchen zur Hand und wirf ein bißchen damit rum, lies die folgenden „Drei Schritte" durch und schau dir schonmal die Illustrationen an, damit du einen Einblick gewinnst, denn mit guten Worten allein ist es hier nicht getan.

ERSTER SCHRITT: DAS TROPFEN

Nimm die drei Bälle und halte sie kurz. Du merkst natürlich sofort, daß da einer mehr ist als du Hände hast (es sei denn, du seist so ein Mutant wie auf Bild 1). Wirf die drei Bälle in die Luft und lasse sie auf den Boden fallen bzw. tropfen. Auch ich wiederhole das immer wieder. Werde mit dieser Übung vertraut. Wie lange du dafür brauchst, vermag ich nicht zu sagen. Bei manchen geht es schnell, bei anderen dauert es länger. Überlassen wir diese Leute sich selbst und gehen schonmal einen Schritt weiter.

ZWEITER SCHRITT: DER WURF

Leg mal kurz zwei Bälle an die Seite und nimm einen in die Hand. Halte ihn in der Handmitte und nicht mit den Fingern. (Lese das noch einmal, es ist wichtiger als du denkst). Du solltest entspannt dastehen, die Ellenbogen nah am Körper und die Hände in Taillenhöhe. Wirf den Ball in einem leichten Bogen, etwa in Augenhöhe und Körperbreite, von Hand zu Hand. Du siehst natürlich gleich, daß diese Übung keinen Furz interessanter ist als die erste, aber du solltest sie schon ein wenig länger aushalten. Wichtig ist, daß die Würfe konstant sind, einer nach dem anderen, nicht daß du dann wie wild herumgehst und deine unheimlichen Würfe fängst.

Falls du deine Ellenbogen korrekt am Körper angelegt hast, dann machst du es wahrscheinlich schon wunderbar. Falls nicht, sei etwas vorsichtiger mit den Würfen. Sie sollen aus der Handmitte kommen, wobei die Finger etwas nach oben gekrümmt werden.

Versuche den Ball so zu werfen, daß er sich weder dreht noch wirbelt. Er darf dir nicht aus der Hand rollen.

Übe dies, bis du keine Lust mehr hast und dann noch etwas länger. Bei den meisten ist etwa eine Minute das Minimum dafür, aber streng dich ruhig ein bißchen mehr an. Übe irgendwo allein oder überhör das Gekicher aus dem Publikum, das sind doch nur Neider.

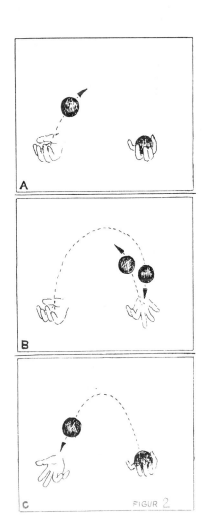

FIGUR 2

DRITTER SCHRITT: DER WECHSEL

Das ist DER Schritt, also paß auf und lese erst alles durch bevor du etwas voreilig tust. Nimm einen zweiten Ball in die Hand und wiege ihn. Du hast jetzt in jeder Hand einen Ball. Schau dir Fig. 2 an, damit du siehst was hier eigentlich passiert. Ich schlage dir ein paar Schlüsselpunkte vor und gehe gleichzeitig zu den gewöhnlich auftretenden Problemen über. Denke daran, es ist eine neue Bewegung und zuerst ein wenig ungeschickt, aber halte durch.

Benutze deinen besten Schritt 2-Wurf, wirf den Ball hoch auf die andere Hand zu. Laß ihn durch die Bogenspitze kommen, und dann, bevor er in deine Hand fällt, die den 2. Ball hält, wechsle beide in einer Bewegung aus: Werfen des 2. Balles und Fangen des 1. Balles. Verwirrt dich, nicht wahr. Aber halte dich an die Bilder und ans Lesen.

Der 2. Wurf sollte die Innenseite deines 1. passieren, so daß beide Würfe in der selben Flugbahn vor dir sind. Also die Bahn des 2. Wurfes sollte dasselbe Verhältnis von Höhe und Breite haben. Und denke daran, der 2. Wurf sollte nicht abgehen bevor der 1. die Spitze des Bogens passiert hat. Sonst wird deine Kreation zur Zerstörung. Der Wechsel sollte eine fließende Wurf-Fang-Bewegung sein.

In Ordnung: Dieser Weg ist unvermeidbar. Geh los und arbeite ein wenig daran, und dann komm hierher zurück, und ich sage dir was wirklich passiert ist. Zufällig werden deine ersten zehn Versuche schrecklich anzuschauen und zu fühlen sein.

Soll das nun was werden, probiers sogleich. Aber faß dir ein Herz, 10 Minuten oder so machen im allgemeinen einen Riesenunterschied aus.

Da bist du ja wieder, stimmts? Und du hattest einige Probleme. Ich kenne das Feeling gut. Lies aber weiter, Hilfe ist in Sicht.

Das gewöhnlichste (und anstoßendste) Problem, das die meisten an diesem Punkt haben, ist das zu weite Werfen aus ihrem Bereich, so daß der 2. Fang mit völlig ausgestreckten Armen geschieht. In extremen Fällen mußt du auf Tauchstation gehen und verzweifelt scharren.

Dies ist ein sehr heimtückisches Problem und ist das größte Hindernis beim Jonglierenlernen. Zum Glück waren da schon welche vor dir da, und der Weg zur Erlösung ist gut gekennzeichnet.

Stoppe alles für eine Minute und entspanne dich. Mach dir keine übermäßigen und übertriebenen Sorgen um den 2. Wurf. Wenn der 1. Wurf zum Auffangen bereit ist, merkt dein Gehirn, daß da schon ein Ball in der Hand ist, mit der gefangen werden soll, und es kommt auf ganzer Linie zur Panik: „Befreie dich von diesem Ding! Wirf es irgendwohin, Hauptsache die Hand ist leer!" und führt mit einem Seufzer dazu, das Ding zu weit außer Reichweite zu schleudern. Atme tief durch.

Aber jetzt werde wieder Herr deiner selbst und konzentriere dich darauf, wo du diesen 2. Wurf findest,

und wie du dann richtig wirfst. Er soll aus deiner Handmitte sprudeln und gerade nur die Innenseite deines 1. Balles passieren. Die beiden Bälle sollten etwa 15 cm vor deiner Hand aneinander vorbeikommen. Und es geschieht in einer einfachen senkrechten Ebene (siehe Fig. 3).

Du merkst, daß all das Konzentrieren auf deinen 2. Wurf dich vom 1. Fang ablenkt. Das ist wirklich nur ein kleines Problem und wird von selbst korrekt. Das entscheidende ist, die Würfe konstant genau in der Bahn vor dir zu halten.

OK. Genug Worte. Versuchs nochmal für 5 Minuten oder so, mache den 1. Wurf mit der rechten Hand und dann 5 Minuten den 1. Wurf mit der linken Hand. Wenn es gar zu schrecklich wird, check einige hilfreiche Hinweise aus dem Anhang „Spezialprobleme"

 aus.

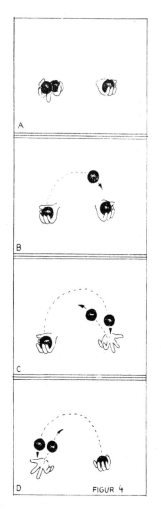

FIGUR 4

VIERTER SCHRITT: DER JONG

Das schwierigste am 4. Schritt ist, wann du loslegen mußt. Wenn du deine Wechsel richtig mit beiden Händen raus hast, dann ist das gerade die Verpackung. Also — fühlst du dich auch ruhig genug, bevor du loslegst?

So, du bist es. Aha schön, willkommen. Du kannst es zwar noch nicht, aber du kennst nun die Grundschritte im Jonglieren. Hole tief Atem und nimm alle drei Bälle. Stell dir einen Moment vor, wie diese erstaunliche Sache aussehen soll. Fang mit deiner 2.-Ball-Hand an, gib einen guten Stoß und schon ist er in der Luft, auf dem Flug zur 2. Hand.

Unterdessen hältst du nur noch einen Ball in jeder Hand. Nun, wenn dieser Ball in deine Hand fällt, erkennst du eine vertraute Szene. Wechsle den Flieger mit dem ruhenden Ball, der dann durch die Spitze eines Bogens fliegt, und wenn er anfängt zu landen, wechsle ihn dann wieder mit dem ruhenden Ball aus, er dann seinerseits auf die Reise geht.

Wenn du das oft schaffst, mache eine tiefe Verbeugung. Du jonglierst! Bis zu diesem Zeitpunkt dachtest du, Jonglieren wäre, 2 oder 3 Dinge auf einmal in der Luft zu halten. Ich hoffe du bist nun in der Lage einzusehen, daß da nur 1 Ding rumfliegt, die anderen werden nur gehalten und zu ihrer Zeit mit dem Flieger getauscht.

Irgendwann schaffst du einen Jong ohne Unterbr
chung. Aber ich kann dir auch schon sagen, was wah
scheinlich geschehen wird: Im Eifer des Gefechts ve
lierst du die Konzentration und damit den Überblic
über die Würfe. Plötzlich fallen rund um dich heru
Bälle und du mußt Zwischenspurts einlegen, um s
zu fange. Wenn der Jongleur zum Jogleur wird, zu
werfenden Läufer. Das passiert jedem, ärger dic
nicht. Manche machen sogar eine Spezialübung darau
Du solltest dich aber erstmal daran erinnern, was c
gelernt hast: Du mußt immer zur Flugbahn des hera
kommenden Balles werfen. Bewege die Arme nicht z
sehr. Halte die Ellenbogen am Körper und die Händ
in Taillenhöhe. Üb dies vor einer einfarbigen War
und konzentrier dich auf die Würfe.

Warnung: Mache öfters Pause während du lern:
20 Minuten in zwei 10-Minuten-Abschnitten sind ec
effektiver als an einem Stück. Und wenn alles versag
dann erinnere dich an diese wenigen Worte, die mi
schon mehr als einmal weise durch anstrengende Ze
ten geführt haben: ,,Es ist schon dunkel genug, bev
es pechschwarz wird."

ANHANG A: SPEZIALPROBLEME

Jeder scheint schon recht bald eine starke Neigung fü
diesen Abschnitt zu haben. Tief im Herzen sind wi
alle außergewöhnliche Figuren und verdienen dahe
spezielle Aufmerksamkeit. Es ist oft eine demütigend
Erfahrung, daß unser Problem weder außergewöhnlic
noch sehr ernst ist. Ich möchte so sanft ich kann ver
suchen, dies für dich zu zerschlagen. Wenn du e
10 Minuten oder so versucht hast und sicher ein
Menge Schwierigkeiten und Tropfen hattest, dan
halte jede Aktion von dir fern (jetzt kommt es, stärk
dich). Du kannst es wahrscheinlich schon gut — ver
such es noch ein klein wenig länger und dann ers
breche ab. Auf diese Weise bist du weniger frustrier
und deine Muskeln haben die Chance über alles nach
zudenken.

Nimm nach einer kleinen Pause die Bälle und probier'
nochmal mit frischer Konzentration. Wenn es nich
tickt, so lese weiter und schau ob du rauskriegst, wa
dich da aufhält.

PROBLEM: Du bist beim 3. Schritt

DER WECHSEL mit 3 Bällen, es scheint du kriegst nichts hin, du verpatzst den Wurf, du verpatzst den Fang, alles fühlt sich schrecklich an, und du hast es versucht und versucht.

LÖSUNG: Geh los und hole deinen Freund – gewöhnlich brauchst du jetzt irgendwie einen, – und er muß dir nahe stehen, Schulter an Schulter. Du kannst Händchen halten wenn du willst, aber wenn ihr nicht die Sorte von Freunden seid, kannst du deine Innenhand an dein eigenes Becken legen. Mit der Außenhand übst du den Wechsel.
Das geht so: Nimm einen Ball in deine Außenhand und einen nimmt dein Freund. Wirf den Ball in einem schönen leichten Bogen zu deinem Freund hinüber. Gerade bevor er landet (richtig, angenommen), sollte dein Freund seinen Ball werfen und deinen fangen, und alles mit einer Hand, vergiß das nicht! Seine Würfe sollten etwas von unterhalb kommen. So zu wechseln (zu zweit) sollte langsam genug sein, daß du die panischen Elemente deiner Würfe ausschließen kannst. Wechsle nach einem Weilchen den Platz mit dem Freund, damit du beide Hände auflockern kannst.
Wenn du dann noch ein paar blasierte Gesichtsausdrücke machst, dann hast du deinen ersten Trick raus, der nicht schlecht und vor allem recht progressiv ist.

PROBLEM: Du bist beim 4. Schritt

DER JONG. Und du bist ein eifriger Jongleur-Sprinter. Du findest keinen Weg deine Würfe zu kontrollieren.

LÖSUNG: Als erstes versuch es vor einer Wand oder so, damit deine Würfe nicht zu weit aus deinem Bereich kommen. Versuch es sitzend (ich finde das nicht so gut, aber vielleicht hilft es dir, dann laß ich es gelten). Als letzten Ausweg versuche es am Abgrund einer Klippe. Ein Freund von mir (er ruhe in Frieden) schwor darauf.

PROBLEM: Deine Füße werden dich noch umbringen für das viele Aufheben deiner Bälle.

LÖSUNG: Stell dich auf den Tisch und miete einen Balljungen. Oder baue dir einen eigenen Fang-Rock (für die Details der Konstruktion schau dir das Bild an).

TRICKS — ZWEI RECHTS, ZWEI LINKS...

Du kannst alle Grundübungen, und nun lechzt du nach "Special Effects" oder besonderen Tricks. Klar, die Tricks sind das Salz in der Suppe und es gibt ihrer viele. Das verblüffende ist aber auch, daß immer wieder irgendjemand einen neuen Trick „erfindet". Übe die Grundformen, dann kommen dir bald deine eigenen Tricks zugeflogen. Viele der gebräuchlichen Tricks kann man allemal nicht in Worte fassen. Pick sie einfach wie Rosinen aus dem Kuchen deiner Fantasie. Zwei rechts, zwei links, eine fallen lassen.

DIE MASSE BRINGTS! WIRKLICH?

Eines bleibt nicht aus, wenn du vor Zuschauern jonglierst. Gleich wieviel Gegenstände du gerade durch die Luft wirbelst, man wird immer nach mehr fragen. Jonglierst du drei Bälle, so heißt es: „Kannst du auch mit vier?" Es ist völlig egal, wieviel du in Bewegung hältst, der durchschnittliche Schulabgänger will „mehr". Da hast du keine Chance. Oder doch?

Durch witzige Einlagen und fantasievolle Würfe, also wahre Qualität, kann man den kleinen „Mehr"-Materialisten vielleicht überlisten. Versuch es. Denn die gnadenlose Suche nach „mehr" ist auch bei Jongleuren meist eine Sackgasse.

Grundsätzlich läßt sich sagen, daß bei jedem Teil mehr entsprechend höher geworfen werden muß, damit der „Neuling" sich in den Flugreigen einreihen kann. D.h., daß man mit der Übung mit einem Teil weniger versuchen muß, so niedrig wie möglich klar zu kommen. Das ist wie mit einer Treppe und einem wachsenden Menschen. Als Kind erscheint einem die Treppenstufe riesig, man muß auf allen Vieren krabbeln um sie zu bezwingen; als Erwachsener kann man gleich mehrere auf einmal nehmen, ohne daß man trotz des größeren Gewichts mehr Energie verbraucht. Alles ist relativ.

Je mehr Objekte du jonglierst, um so kleiner sollten sie sein, sonst wird der Luftraum knapp und die Zusammenstöße sind weder in deinem noch in meinem Interesse („Ich" steht hier für das geschätzte Publikum).

Solltest du wirklich Nummern mit 5 oder mehr Bällen/Ringen/Keulen schaffen, so wirst du das wahre Feedback bestenfalls von deinen Kollegen bekommen, denn nur sie können wirklich deine Leistung entsprechend würdigen. Und für jeden Jongleur ist es eine natürliche Herausforderung.

VERSTEINERN

Der Jongleur Carlo hat in seinem Übungsprogramm eine Möglichkeit der Selbstprüfung eingebaut: das Versteinern (hat nichts mit "being stoned" zu tun, oder). Als Jongleur bewegt man sich manchmal in einem maschinenähnlichen Ablauf. Gelingt es dir, deinen Körper auf ein bestimmtes Signal hin "abzustellen"? Die "Versteinerungstechnik" erlaubt es dir, jeden körpereigenen Automatismus zu erkennen. Bilde dir ab und zu ein, jemand würde plötzlich "Stop!" rufen. Im selben Moment verharrst du in deiner Position, ob nun die Bälle rechts oder links runterkommen. Bleib für eine Weile absolut bewegungslos. Überdenke deine Lage/Stellung. Verkrampfe in dieser Stellung nicht. Du mußt mit deiner Energie weise umgehen, jede Verkrampfung ist eine Vergeudung an Körperenergie.

Analysiere deine Stellung und verbessere sie nach einigen Sekunden, falls notwendig. Nach einer Weile wird sich der Körper schon von allein korrigieren. Im Anfang schwirren dir viele Gedanken durch den Kopf. Mit der Zeit übernimmt der Körper die Handlungen und dein Kopf wird befreit.

Untersuche alle Bewegungsabläufe aufs genaueste. Fang erst garnicht mit Fehlern an. Ein kleiner Fehler bei der ersten Übung kann später zum Desaster ausarten. Wenn du dir erstmal einen falschen Griff, eine falsche Stellung etc. angewöhnt hast, wird es später bei schwierigeren Würfen arg kompliziert, und u.U. mußt du quasi nochmal von vorn anfangen.

WEITERE ÜBUNGEN MIT BÄLLEN/SÄCKCHEN

Es gibt eine Unzahl von Übungen und Tricks mit drei Bällen. Die Grundwürfe lassen sich mit zunehmender Wurf- und Fangsicherheit auf -zig verschiedene Arten variieren und ergänzen. Da brauchst du garnichts zu lesen, das fällt dir selber beim Üben in den Schoß oder wohin auch immer. Versuch es rückwärts. Mach ein paar Tanzschritte, dreh zwischendrin eine Pirouette, laß einen Ball auf deinem Kopf aufdotzen... Nimm statt den Säckchen Apfelsinen. Oder Äpfel und beiß beim Jonglieren hinein.

Der Vielfalt sind keine Grenzen gesetzt — Grundvoraussetzung ist nur, daß du deine Hausaufgaben gemacht hast und die Grundwürfe aus dem ff. beherrschst.

SCHEINWÜRFE

Diese Würfe haben einen guten Effekt, da es sich gar nicht um richtige Würfe handelt, und nur eine Täuschung passiert. Als Beispiel will ich den Wurf hinter dem Rücken anführen. Du führst diesen Wurf ein oder zweimal vor. Beim 3. Mal wird der Ball nicht geworfen, sondern in der Hand behalten und wieder mit nach vorn genommen, wo er ins Spiel gebracht wird.

Du tust also nur so als ob, und erreichst damit einen irren Effekt, der verblüffend, da nicht durchschaubar ist. Das gleiche kannst du mit etlichen anderen Würfen probieren.

DOPPSER

Man kann auch „nach unten" jonglieren. Nimm korrekt springende Bälle, nicht zu hart, nicht zu weich. Das klappt natürlich nur auf einem ebenen Fußboden. Wenn du einen Ball fallen läßt, reicht diese Energie des Falls nicht aus, ihn auf die ursprüngliche Höhe zurück zu katapultieren. So hast du zwei Möglichkeiten:

Entweder du wirfst den Ball so auf den Boden, daß er in die Anfangshöhe zurückspringt, oder du wirfst ihn etwas in die Höhe, damit er dich von unten wieder in der richtigen Fanghöhe trifft.

Es kommt nun darauf an, zusätzlich zur richtigen Höhe auch das seitliche Bewegungsspiel im fangbaren Rahmen zu halten. Nach genügend Übung kannst du viele der Luftwürfe auch in die entgegengesetzte Richtung umpolen.

Schwieriger wird es da schon, wenn du dir eine Wand (oder bei Könnern eine Pauke) als Gegenüber wählst.

Die Wand als Schwerkraftersatz (wobei die wahre Schwerkraft einfach überrumpelt werden muß). Achte darauf, daß dein Nachbar nicht daheim ist, wenn du die Wände traktierst.

ANDERE KÖRPERSTELLUNGEN

Irgendwann bist du es vielleicht leid, immer zu stehen. Also übe in anderen Körperpositionen.

Steh einbeinig. Das sieht lustig aus und hilft auf der Suche der eigenen Mitte.

Leg dir im Stehen ein Buch auf den Kopf. So erkennst du deine unbewußten Kopfbewegungen.

Setz dich. Aber bitte auf keinen kleinen Stuhl, da dir sonst deine Knie ins Gehege kommen. Ein Barhocker, ein Hochsitz, eine Couchlehne. Solang dir deine Beine nicht dazwischen kommen, geht das recht leicht.

Knie dich auf den Boden. Das hat den großen Vorteil, daß du dich nicht nach gefallenen Bällen bücken mußt.

Im Liegen wirst du mit völlig neuen Problemen konfrontiert. Außerdem brauchst du einen Balljungen. Paß auf, daß dir nichts ins Gesicht fällt.

Später kannst du dann während des Jonglierens deine Körperstellung verändern, oder gar auf einer Kugel oder einem Einrad deine Umwelt verzaubern.

VERRÜCKTES ZEUG

Irgendwann hast du fließend das 3-Ball-Jonglieren rau[s], ohne durch den Raum zu rennen, somit wirst du di[ch] fragen, wie es nun weitergeht. Deine Freunde werd[en] sich schon beim neuen Akt langweilen.
„Was für einen" oder besser „Wieviele kannst du no[ch] nehmen?" werden sie unschuldig fragen. Als we[nn] etwas mit weniger als 11 Stück sie zum Einschlaf[en] bringt.
Jonglieren kann man für sich, für andere und mit a[n]deren. Das Jonglieren mit mehr als 3 Bällen ist etw[as] ganz anderes. So schlage ich dir erst einmal vor: brin[g] doch deinen Zuschauern bei, wie man es mit d[en] Bällen macht. Und schon hast du einen Jonglierpa[rt]ner, schon seid ihr ein Team. Mit einem Jongliertea[m] ist der Weg zum gefüllten Klingelbeutel in der Fu[ß]gängerzone einfacher, als wenn du da allein für di[ch] rumwusselst.

AUSSENSEITENJONGLIEREN

Hier sagt das Bild mehr, als ich es Worten sagen kann.

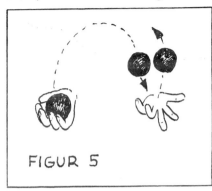

FIGUR 5

DAS STEHLEN

Solang du noch einen Partner hast, könnt ihr noch folgende Nummer proben: Dein Partner jongliert drei Bälle und du nimmst ihm während des Werfens einfach den ersten und zweiten ab, wenn sie ihren Höhepunkt erreicht haben. Du überläßt ihm den dritten zum weitermachen, und zusammen jongliert ihr nun drei Bälle. Man kann das, wenn man sich gegenübersteht, aber auch Schulter an Schulter hat es seine Reize. Fange mit der Außenhand den Ball, der von der Außenhand deines Partners kam und wirf ihm den Ball so zu, daß er ihn mit der Innenhand fangen kann. Achte darauf, daß deine Handflächen offen sind um die Würfe sicher zu fangen. Das klingt alles komplizierter als es in Wirklichkeit ist. Also: üben!

SIE & ER — ER & ER — SIE & SIE?

Die ersten Paarübungen macht man wohl, weil einem eine dritte Hand fehlt. Oder weil es einfach nett ist, etwas mit dem Freund/der Freundin gemeinsam zu unternehmen. Diese Zeichnung sagt ja schon genügend aus.

DOPPELT GEMOPPELT

Wenn du nun einen guten Partner gefunden hast, so tun sich neue Möglichkeiten auf. Stellt euch Angesicht in Angesicht mit 1 m Abstand gegenüber. Jeder hat zwei Bälle in der rechten Hand und beginnt diese einhändig zu jonglieren. Ihr jongliert getrennt, aber zeitgleich. Eure Würfe sollen synchron sein. Es ist eine Hilfe, dabei laut zu zählen, wenn der Ball die Hand verläßt... 1... 2... 3...

OK. Wenn das nun klappt, wirfst du (wie auch dein Partner umgekehrt) bei ...4 den Ball nicht mehr in den üblichen Kreislauf, sondern auf die rechte Hand deines Partners. Es braucht nicht allzuviel Übung, bis das reibungslos klappt. Man kann das natürlich dahingehend steigern, daß man alle Bälle überkreuz spielt. Wenn man — noch — allein ist, kann man diese Übung natürlich auch schonmal trainieren. Am einfachsten ist es, sich eine Wand als Partner zu nehmen. Bumse jeden Wurf mit der Rechten an die Wand.

4 Hände — 6 Bälle — 2 Jongleure — 1 Rhythmus
Yeah!

Bei dieser Übung ist es wichtig, daß beide Spieler einen gemeinsamen Rhythmus haben. An *einen* gleichen Rhythmus könnt ihr euch mit Hilfe von geeigneter Musik (Takt) gewöhnen oder aber auch durch lautes Zählen. Wir haben uns angewöhnt, rückwärts zu zählen. Bei dem Wort „hepp" wechselt der eine Ball den Partner. Ihr stellt euch wieder etwa in 1 Meter Abstand auf.

Zu Beginn hat jeder von euch 2 Bälle in der Rechten und einen in der Linken. Mit Rechts gehts los und auf Rechts wird gezählt. Z.B. 3, 2, 1, hepp bedeutet:

3 = erster Wurf mit Rechts

2 = zweiter Wurf mit Rechts

3 = dritter Wurf mit Rechts

hepp = vierter Wurf mit Rechts wechselt direkt zu gegenüberstehendem Partner. Daß die Bälle *direkt* wechseln, ist wichtig, da ein Kreuzer der Bälle Chaos hervorbringt.

Haben die Bälle gewechselt, beginnt ihr wieder mit 3—2—1—hepp. Wollt ihr öfter wechseln, verkürzt ihr den Rhythmus auf 2—1—hepp oder gar 1—hepp.

Schließlich wechselt jeder Ball mit hepp—hepp—hepp—...

Das soll halt nur eine Methode sein, die Wechsel gleichzeitig vorzubereiten. Ebenso kannst du auch auf Links zählen, wodurch der Ballfluß die Richtung ändert. Knobelt ein bißchen herum und probiert, was euch am besten liegt. Toll sieht diese Übung auch mit Ringen aus.

Für ganz fitte Leute noch ein kleiner Tip: Wenn ihr nicht nur immer auf Rechts zählt, sondern sowohl auf Rechts wie auch auf Links, und jedesmal dabei einen Balltausch vornehmt, so ergibt sich ein doppeltes 3-Ball-Spiel zwischen euch. Von euch beiden spielen dann jeweils die Rechte und die Linke ein unabhängiges 3-Ball-Spiel mit dem Gegenüber. Totaler Wahnsinn, müßt ihr mal ausprobieren.

ZWEI SO – EINER SO

Wirf einen Ball in der Verlängerung der Körpermittellinie nach oben, etwas höher als dein Kopf. Die beiden anderen Bälle jonglierst du einfach so, daß sie niedriger fliegen als der erste Ball. Wenn sich diese beiden Bälle kreuzen, mußt du den zuerst geworfenen Ball mit der rechten Hand fangen und wieder nach oben werfen. Gute Übung!

GRAND MIT VIEREN

Als Fontäne hast du vier Bälle vielleicht schon bewältigt. Natürlich kann man sie auch kreuzen lassen. Lote die jeweils richtige Flughöhe aus, damit sich die Bälle nicht unterwegs treffen. Du weißt: in diesem Sport ist jeder Treffer ein Fehler. Und du mußt dich bücken.

Du kannst auch, ohne das Jonglieren zu unterbrechen, von diesem Wurf in eine Kaskade übergehen. Dabei muß die rechte Hand den ersten Ball jedoch bedeutend höher hinauf werfen, um den Übergang zur Kaskade zu erleichtern, wobei die linke Hand die gefangenen Bälle in schneller Reihenfolge an die rechte weitergibt, um den Kreislauf aufrechtzuerhalten.

FÜNF BÄLLE

Da wirds natürlich schon kompliziert. Zuerst übe, zwei bzw. drei Bälle pro Hand halten zu können. Gell, da wird es eng. Versuch es vielleicht mit etwas kleineren Bällen. Das Jonglieren selbst geht wie vorher: immer einen nach dem andern Ball in die Luft werfen. Richtig: abwechselnd aus jeder Hand. Übe erstmal den Bewegungsablauf von rechts nach links. Fang mit der rechten Hand an. Die Bälle aus der rechten Hand müssen in Richtung linke Schulter fliegen und dabei die Flugbahn der von links kommenden Bälle überbieten.

Je mehr Bälle du jonglierst, umso exakter müssen die Würfe sein. Fliegt ein Ball zu weit nach vorn, kann es dir passieren, daß deine Hand dem Ball folgen muß, und damit zerstörst du das Flugbild. Bewege in einem solchen Fall deinen Körper, drehe ihn in die benötigte Richtung und hole so den ,,vorschnellen'' Ball wieder in die Richtung zurück, Stück für Stück.

SIX PACK

Jetzt ist ein halbes Jahr vergangen und die sechs Bälle reizen dich. Bravo, daß du die fünfe schon so gut unter Kontrolle hast. Was soll ich dir zu der Sechserübung groß sagen: es geht wie mit 4 Bällen, nur etwas höher und schneller. Achte darauf, daß die rechte Hand nach oben geht, wenn sich die linke senkt.

Natürlich kannst du auch das paarweise Werfen und Fangen ausprobieren oder gar eine Kaskade. Aber das weißt du ja inzwischen selber. Die Erfahrung bringts.

Eine gute Vorübung ist es auch, jeweils mit einer Hand je drei Bälle zu üben. Also: erstmal 10 Minuten lang links drei Bälle, dann 10 Minuten lang rechts drei Bälle und erst dann auf die Sechserübung.

DIE RINGE (erstmal zwei)

Hast du die Vierer-Fontäne klar im Griff, dann kannst du auch mit den Ringen beginnen. Schau dir auf dem Bild die richtige Haltung der Geräte an. Wichtig, wichtig!

Mit einem leichten Schwung wirfst du zuerst den mit drei Fingern gehaltenen Ring in die Höhe, dann den zweiten. Der Flugbogen der Ringe sollte ziemlich eng sein. Durch eine kurze Bewegung des Handgelenks wird der Ring in eine Drehung gebracht, die sich wiederum auf seine Flugbahn stabilisierend auswirkt. Wie beim Frisbee. Der Ring muß beim Abwurf etwas seitlich von deinem Körper weggeneigt sein. Üben mußt du auch das Ende einer solchen Ringübung, denn dabei solltest du jeweils zwei (und später mehr) Ringe mit einer Hand auffangen können.

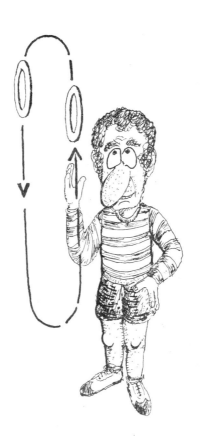

DOPPELTE RING FONTÄNE

Die selbe Übung wie mit vier Bällen. Hierbei solltest du jedoch deine Handgelenke und Handflächen nach innen halten, nicht nach oben wie bei Bällen. Um Zusammenstöße zu vermeiden, wirf die Ringe jeweils etwas nach außen. Fange nicht an, mit drei Ringen pro Hand zu experimentieren, solange du nicht zwei pro Hand sicher beherrschst.

RING KASKADE

Vieles was du von deiner Erfahrung im Jonglieren mit Bällen gelernt hast, kannst du auch auf die Ringe anwenden. Schau dir die Zeichnung mit der Ringkaskade an. Mit einer Hand wird geworfen, die andere reicht die Runterkommer an die erste weiter, die wiederum wirft.

Diese Kaskade läßt sich auch seitlich ausführen, was für das geschätzte Publikum natürlich mehr hergibt. Achte auf die Handstellungen. Die rechte Hand fängt den Ring an der Innenseite auf und wirft ihn der linken Hand zu.

RINGE PAARWEISE

Alles klar und unter Kontrolle? Beherrschst du die vorherigen Aufgaben perfekt? Nicht zu fassen, aber dann gehts weiter: Die Fontäne mit zwei Ringen war kein großes Problem, die mit 4 Ringen erfordert schon wieder etwas mehr Geschick. Und jetzt kommt das versetzte Werfen mit vier Ringen. Zwei rechts, zwei links und keinen fallen lassen! Die Ringe müssen halt etwas höher als bisher geworfen werden und dein Oberkörper pendelt ruhig von links nach rechts. Nach genügend Übung und mit etwas Geschick kann man aus dieser Übung wieder in die regelmäßige Fontäne übergehen.

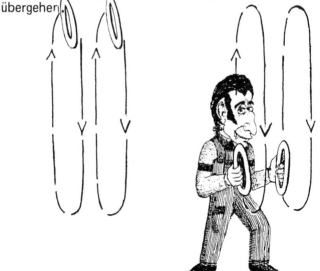

ÜNF RINGE

ach den vieren kommen die fünfe. Schau dir an, wie
an die drei Ringe in der rechten Hand hält. Das Jon-
lieren geschieht wieder in etwa wie bei den Bällen,
ur müssen die Ringe etwas höher geworfen werden.

JONGLIEREN MIT KEULEN

Die Keulenarbeit ist schwieriger als die mit Bällen und Ringen. Deshalb sollte man erst mit ihr beginnen, wenn man die anderen Übungen solide beherrscht. Mach dich mit der Keule vertraut. Wirf erst einmal eine von einer Hand zur anderen, die Flugbahn sollte etwas höher als deine Scheitellinie verlaufen. Die Keule wird so in die rechte Hand genommen, daß das Kopfteil auf deine linke Schulter zeigt. Wirf die Keule so, daß sie aufgrund ihres Kopfgewichtes eine volle Umdrehung in der Luft macht. Anschließend trainiere mit zwei Keulen. Versuch ersteinmal mit beiden Händen abwechselnd, also nicht zeitgleich, zu werfen. Achte darauf, daß beide Hände gleich viel Übung bekommen. Ein Ungleichgewicht bei der Anfangsübung kann später zu groben Problemen führen. - Aktion Gleichberechtigung von Links und Rechts.

DREI KEULEN

Leg zwei Keulen so in deine rechte Hand, daß die erste mit dem Kopf auf deinen Fingerspitzen aufliegt, die zweite dann Kopf auf Kopf mit der ersten. Fang mit einem Wurf aus der rechten Hand an, die Flugbahn gleicht der des Jonglierens mit drei Bällen. Die Keulen müssen allerdings so geworfen werden, daß sie jeweils eine Umdrehung vollführen.

Klappts? Toll.

Dann versuch, zwei und anschließend drei Umdrehungen der Keulen in der Luft zu schaffen. Diese Übung ist die Grundvoraussetzung, daß du später auch mit Fackeln etc. jonglieren kannst.

ZWEI KEULEN IN EINER HAND

Nach drei kommt vier, aber das will erstmal mit je zwei Keulen pro Hand probiert werden. Übe, bis du mit Leichtigkeit in der linken und in der rechten Hand zwei Keulen sicher mit doppelter Umdrehung werfen und fangen kannst. Solltest du später mit drei Keulen arbeiten wollen, so mußt du dich auf drei Umdrehungen vorbereiten.

WAS MACHST DU MIT DEM KNIE?

Du hast lang genug mit beiden Beinen auf dem Boden gestanden. Enlich kannst du mal eines lupfen.

Du hast drei Keulen. Anstatt sie wie bislang einfach in die Luft zu schmeißen, wirfst du sie nun unter deinem Knie hindurch nach oben. Probier diese Übung mit beiden Beinen. Mit der Zeit schaffst du es, beide Beine im Wechsel zu unterkeulen. Zwischen zwei Kniewürfen immer einen normalen Wurf einbauen, sonst geht dir vor lauter Hüpfen die Puste aus. Die Keulen müssen sich dabei doppelt drehen.

DREI KEULEN VON HINTEN

Du jonglierst wie üblich. Plötzlich gibst du die Keule nicht einfach von der rechten zur linken Hand, sondern wirfst die Keule unter der Achsel hindurch hinter dem Rücken hervor und nimmst die linke Hand im selben Moment nach oben, um die aus der doppelten Drehung herunterkommende Keule wieder aufzufangen. Diese Übung läßt sich dann beliebig ausbauen, indem man höher und mit mehr Drehungen wirft.

VIER KEULEN

Na, wie wohl. Ganz ähnlich, wie schon vorher mit vier Bällen. Du weißt: beherrsche die Würfe mit jeweils zwei Keulen pro Hand. Dann nimm vier Keulen und laß das paarweise Werfen der beiden Hände parallel laufen. Zwei Drehungen sind das Minimum, wenn du die Keulen auch wieder fangen willst. Achte auf deine linke Hand, da diese bei dieser Übung gerne die Keulen auf unverhoffte Reisen schickt. Schaffst du dabei eine dreifache Drehung der Keulen, hast du genügend Zeit um eine volle Körperdrehung zwischen den Würfen zu absolvieren.

GRUPPENJONGLIEREN

Wenn es klappt wie z.B. bei den Karamasow Brothers, die vor einiger Zeit mal mit den Grateful Dead im Rockpalast auftraten, dann ist es wohl ein kollektiv erlebter Traum. Aber das Maß an Arbeit und Gruppendynamik, bis es so weit ist, daß man dermaßen glänzen kann, ist gewaltig.

Jeder Teilnehmer sollte von vornherein in der Lage sein, das Jonglieren mit 6 Keulen mit einem Partner traumhaft zu beherrschen. Zudem sollte er fähig sein, Keulen mit doppelter Drehung über seine rechte Schulter in die linke Hand eines hinter ihm stehenden Partners werfen zu können.

Das Keulenwerfen mit einem Partner über größere Entfernungen fängt man am besten bei 2-3 Metern an und entfernt sich langsam, bis 6-7 Meter Abstand keulenmäßig (mit mindestens 2 Drehungen) mit Sicherheit klappt. So wird die Wurfkraft der Hände verstärkt, ohne die Drehungen der Keule zu beeinflussen.

Beherrschen mehrere Menschen diese Übungen, können sie sich zu einer Gruppe zusammentun. Die Teilnehmerzahl einer Gruppe sollte eine gerade Zahl sein. Wie ihr nun was jongliert und was für Einzelnummern und Soli eingebaut werden, das müßt ihr schon selber austüfteln.

PAARWEISE MIT 6 RINGEN

Die meisten Paarübungen verlaufen aber nicht so im engsten Kreise. Der normale Abstand beträgt etwa 5-6 Schritte, bei mehr Objekten entsprechend mehr. Die Partner stehen sich mit dem Gesicht einander gegenüber. Jeder hält in seiner rechten Hand zwei, in der linken einen Ring. Auf Kommando geht es los. Die Ringe sollten immer in Richtung linke Schulter des Partners fliegen. Die Flughöhe liegt etwas über der Kopfhöhe. Achtung: Wurfabstände und Fluglinien sollten so gut wie genormt sein, d.h. immer gleichmäßig.

ES WARD LICHT —
UND DAS LICHT DREHTE SICH

Arbeit mit Fackeln

OK. Du hast die Keulenarbeit völlig unter Kontrolle. Dann wag dich an die Fackeln. Halt, laß die Streichhölzer stecken. Erstmal mit „trockenen" Fackeln, damit du ein Gefühl für dieses neue Gerät bekommst. Später dann ruhig fackeln lassen, aber erstmal bei Tageslicht im Freien üben. Man weiß ja nie. Wenn du das sicher beherrschst, kannst du dich mit deinen (fackelnden) Fackeln auch ins Dunkel wagen.

Für die Fackelübungen solltest du dir die effektvollsten Tricks aussuchen. Mehrfache Drehungen geben mit Fackeln einfach mehr her. Vier Fackeln paarweise jongliert rufen lauter „Ahhs" und „Ohhs" im Publikum hervor.

Damit du die Fackeln jederzeit löschen kannst, solltest du in Reichweite einen gefüllten Wassereimer stehen haben. Du kannst natürlich auch ein feuchtes Tuch nehmen, oder dir aus einer Metallhülse auch einen Fackellöscher basteln.

SUPERTRICKS

Flasche mit Wasser, Schirm und Hut

Du nimmst eine Flasche mit einem möglichst großen Hals (alte Milchflaschen z.B.), füllst sie mit Wasser und klebst sie mit einem dünnen Plastik oder Pergamentpapier zu. Du fängst an, mit einem geschlossenen Schirm und einem Hut zu jonglieren. Der Höhepunkt ist dann, wenn der Hut auf deinem Kopf landet, die Wasserflasche eine mehrfache Drehung absolviert und dir so die Zeit gibt, den Schirm just in jenem Augenblick zu öffnen, in dem sich die Wasserflasche mit ihrer überklebten Öffnung auf der (von dir etwas länger präparierten) Schirmspitze aufspießt und das Wasser gleichmäßig über den geöffneten Schirm rinnt.

Wenn du das kannst, komm doch mal bei mir vorbei und zeigs mir. Ich würde das liebend gerne mal sehen.

MICHAEL KARA

wurde auch „König der Jongleure" und „Jongleur der Könige" genannt. Hier ein Auszug seines Könnens (aus einem Büchlein selbigen Titels, siehe Bücherliste).

„Er begann mit Zylinder, geschlossenem Schirm und aufgerollten Handschuhen zu jonglieren, ließ zwischendurch den Hut über den ausgestreckten Schirm hin- und herrollen, um dann wieder ins Jonglieren zu verfallen. Dann fing er unvermittelt aus dem Spiel den Schirm nach eineinhalb Umdrehungen auf der Fußspitze zur Balance, warf ihn von dort hoch, fing ihn zur Balance auf der Stirn, der Hut landete über dem Ende des Schirmes, und schließlich fielen die Handschuhe auf die Krempe des Zylinders. Die Balance rutschte ab, die Handschuhe fielen in die Hände, der Hut auf den Kopf, und der Schirm wurde hinten zwischen Hut und Kopf wie ein Chinesenzopf eingeklemmt. Sodann nahm er den Schirm und balancierte ihn geöffnet auf der Stirn. Ohne Sicht warf er den Zylinder mit elegantem Schwung hinauf, so daß er an der Schirmspitze hängen blieb. Exzellente Routinen zeigte er mit Tellern. Zwei ließ er gleichzeitig als kleinen Effekt von einer zur anderen Hand entgegengesetzt über die Brust rollen, während ein dritter unterdessen schnell hoch in die Luft hinaufschoß. Drei Teller jonglierte er fließend über den Rücken.

Ein rohes Ei fing er aus der Jonglage mit Porzellanteller und Eierbecher im Becher, dann hoch aus der Luft mit geschickter Bewegung unbeschädigt auf dem Teller, warf es noch einmal hoch, wobei es auf dem Kopf des vorbeigehenden komischen Kellners zerbrach und beim Publikum eine Lachsalve auslöste.

Faszinierend waren seine Produktionen mit einem großen Messer, geschälter Rübe und einer Gabel. Diese drei Teile jonglierte er in verschiedenen Variationen über den Rücken und die Schultern, ließ die Rübe von Knie zu Knie springen, fing sie in den Kniekehlen, ließ sie von Fußspitze zu Fußspitze hüpfen (birmanische Fußarbeit) und fing sie auf der waagerecht gehaltenen Gabel zur Balance. Von dort schleuderte er sie hoch in die Luft, und ohne auf sie zu schauen, fing er die Rübe wie unabsichtlich, indem sie von der niedrig gehaltenen Gabel aufgespießt wurde. Die Gabel mit der Rübe warf er derart hoch, daß sie hinter dem Rücken herunterkam und dort von der Messerspitze aufgespießt wurde. Damit noch nicht genug. Messer, Gabel und Rübe wurden wieder durcheinandergeworfen. Im Fluge wurde die Rübe vom Messer in zwei Hälften geteilt, mit vier Stücken also dann weiterjongliert, und zum Schluß wurden je eine Rübenhälfte auf der Gabel-, die andere auf der Messerspitze gefangen."

KONSTRUKTIVE FEHLERVERARBEITUNG

('tschuldigung, Sie haben etwas fallen gelassen!)

Da kann man machen was man will, die Schwerkraft hat manchmal doch den längeren Arm. Das heißt aber nicht, daß du dies dem Zuschauer nicht ausreden könntest. Es schadet der Spannung und der Aufmerksamkeit, solche Fall-Fehler einfach zu akzeptieren und zuzugeben. Mach was draus. Blende den Beobachter, tue so, als gehöre das zur Nummer, als wäre es eine willkommene Einlage.

Mit etwas Phantasie und Schlagfertigkeit (in diesem Fall mit Worten!) kann aus dem gröbsten Fehler der größte Lacher werden. Hier zur Anregung ein paar Beispiele:

♦ ,,Gegen solche Anfälle potenzierter Schwerkraft ist man machtlos."
♦ ,,Ich wollte nur prüfen, ob die Schwerkraft noch intakt ist."
♦ Schau auf den gefallenen Gegenstand und ruf: ,,Du bist gefeuert!"
♦ ,,Du verarschst mich nicht nochmal!" -- zieh eine Spielzeugpistole und schieß auf den gefallenen Gegenstand.
♦ ,,Diesen Fehler hab ich erst einmal gemacht. Dies war mein zweiter Versuch dieser Übung."
♦ ,,Wißt ihr, nicht viele Leute bekommen ihre Übungsstunden bezahlt, danke."
♦ Ruf mit lauter Stimme: ,,Sieh mal dort!", zeig in eine entfernte Ecke des Raumes/Platzes und heb schnell dein ,Fallobst' auf, während sich das Publikum umdreht.
♦ (bei farbigen Bällen etc.): ,,Die Grünen (Roten, Schwarzen, Braunen) fallen immer aus der Rolle!"
♦ ,,Immer diese Individualisten, pfui!"
♦ Tu so, als sei nichts geschehen. Nach einigen Minuten dann vorwurfsvoll zum Publikum: ,,Warum sagt mir denn niemand, daß ich etwas fallen gelassen habe?"

de Jonglierübung läßt sich mit Worten erweitern. Erwähnt
wurde schon, die Übung in eine richtige Geschichte zu verwenden. Sei es nun eine Geschichte aus dem Leben, die Schöpfungsgeschichte oder ein Märchen — das Publikum wird dankbar sein. Erfinde ein paar spezielle Jonglierwitze. Beispiele:

Verkünde, daß du nun versuchen wirst, mit 9 Bällen zu jonglieren. Aus deinem Koffer nimmst du die Bälle, von denen jeweils drei aneinandergenäht sind und jonglier einen einfachen „Dreier".

Jonglier mit drei Bällen und sag dem Publikum: „So jongliert man drei Bälle." Jonglier mit vier Bällen: „...und so gehts mit vier Bällen." Zeige dem Publikum ein Plakat mit 5 Bällen und sag: „Und so sieht es aus, wenn man fünf Bälle jongliert!"

Kommt eine Frage: „Mit was kannst du noch jonglieren?" Dann sag z.B.: „Mit Suppe!" und jongliere mit drei Suppendosen. Oder mit einem Berliner, einem Hamburger und einem Frankfurter (Würstchen). Oder „mit den Sternen" — die auf Bälle aufgemalt sind. — Hier sind deiner Phantasie kaum Grenzen gesetzt.

MERKE: Gerade wenn du noch kein großes Programm hast, kannst du mit solchen Geschichten viel Zeit gewinnen. Das ist vor allem auch beim Jonglieren auf der Straße von größter Wichtigkeit. Mein Freund Oigen ist als Straßensänger auch umso erfolgreicher, je mehr er redet.

Verzauber die Leute, sie warten drauf.

Die akademische Sichtweise:

DAS TÄTIGKEITSTHEORETISCHE MODELL ALS BEZUGSPUNKT

Die Informationen zum Erlernen des Grundrhythmus sind dr‍‍ Ebenen entsprechend geordnet. Auf diesen Ebenen vollzieh‍e sich die handlungsregulierenden Prozesse. Es geht mir hier nic‍h darum, praktische Fang- und Werfübungen zu veranschauliche‍n Mir geht es in umgekehrter Weise darum, das aktuelle Ler‍n Erlebnis durch gezielte Hinweise und Fragen klarer ins Bewuß‍t sein zu heben und auch methodisch durchsichtiger zu mache‍n.

Alle Lernfortschritte im motorischen Bereich stehen natü‍r licherweise in Beziehung zu den psychischen Komponent‍e des Verhaltens, d.h. zu Gefühl und Kopf. Hier sei jetzt nur d‍ kreisförmige Wechselwirkung zwischen den drei handlung‍s regulierenden Ebenen hervorgehoben.

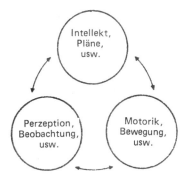

Die Anordnung im Kreis soll darauf hinweisen, daß im Verlauf des Lernens keine Ebene auf die Dauer dominiert, sondern de der drei abwechselnd in den Vordergrund rückt, ja rücken uß. Denn falls ein Bereich für längere Zeit überbetont bzw. rnachlässigt wird, kommt es — wie auch schon weiter oben etont — zu Blockierungen im Lernverlauf.

So wäre es z.B. äußerst mühsam, das Jonglieren nur auf der asis schriftlicher Informationen, vielleicht sogar ganz ohne ustrierende Zeichnungen zu erlernen. Eine solche Kopflastigeit überfordert uns bald — stellen Sie sich vor, Sie hätten ahrrad-Fahren nach einer gedruckten Gebrauchsanweisung rnen müssen! Aber auch rein visuelle Informationen (z.B. die eobachtung eines Jongleurs im Zirkus) befähigen noch nicht um Werfen des Grundrhythmus. Wir benötigen darüberhinaus och weitere Hinweise, am besten auf allen drei Ebenen der andlungsregulation und möglichst unter Berücksichtigung rer Wechselwirkungen.

ie Mehrdimensionalität der Übungen

lle Übungen, sei es mit einem, zwei oder drei Gegenständen, einhalten ganz unterschiedliche Qualitäten. Diese werden em Übenden in der Regel nur einzeln, jeweils im Zusammenang mit der aktuell im Vordergrund stehenden Lernebene ewußt und von ihm erst nach und nach „entdeckt".

Es lohnt sich für jeden Jongleur, sich ab und zu wieder die eit zu nehmen, um mit weniger Gegenständen als gewöhnlich u üben. Das regt die Phantasie an, führt zu spontanen Neuenteckungen von Mustern und fördert auf erstaunliche Weise das igene Vorwärtskommen. Alle Anfänger, die normalerweise ie enorme Vielfalt der Wurf- und Fangmöglichkeiten völlig nterschätzen, sollten gerade aus diesem Grund öfters mit nur inem Ball spielen, damit herumexperimentieren und alles nur lögliche ausprobieren.

Selbsterfahrung im Lernprozeß

Die Erweiterung der perzeptiven und kognitiven Dimension gehen einher mit Entwicklung im emotionalen, motivatio[nal]len und sozialen Bereich. Die Beziehungen zwischen all dies[en] Lernebenen sind eng. Der Grad, in dem sie tatsächlich bewu[ßt] gemacht werden können, ist sehr unterschiedlich, je nach d[er] Situation und der individuellen Sensibilität. Psychische Erfa[h]rungen in diesem weiten Feld bezeichnet man heute mit de[m] Schlagwort „Selbst-Erfahrung". Alle körperlichen und psyc[hi]schen Erfahrungen während des Übens kann man mit d[er] Methode des inneren Dialogs viel differenzierter und bewu[ß]ter erleben. Folgende Fragen können diesbezüglich als An[re]gung dienen:

— Achte ich mehr auf das, was mir gezeigt wird? Oder auf d[as,] was mir erklärt wird? Oder auf das, was ich selber spüre?
— Wie beeinflußt es meine Stimmung und meine Gefüh[le,] wenn mir andere Menschen beim Üben zuschauen?
— Wende ich mich an andere, wenn mir etwas nicht geling[en] will?
— Wie reagiere ich, wenn ein Ball zu Boden fällt?
— Glaube ich überhaupt daran, daß ich das Jonglieren m[it] drei Bällen lernen werde?
— Gelingt es mir, meine Fortschritte (auch sehr kleine) zu e[r]kennen? Oder achte ich mehr auf Fehler und Mißerfolge?

(aus: „Körper-Erfahrung" von Heinrich Dreesen. Erstmals abgedruc[kt] in HOCHSCHULSPORT 6/7, 1983)

„WHY DON'T YOU DO IT ON THE ROAD..."
(Beatles)

Einen großen Anteil am Wiedererwachen der Gaukler, Tingler und Jongleurtradition in Europa heute haben sicherlich die FESTIVALS OF FOOLS in Amsterdam Ende der 70er gehabt. Seinerzeit erschien der GRÜNE ZWEIG 56, Das Fools/Narrenbuch. Aus diesem haben wir das folgende — gekürzte — Kapitel von Georgeo von der „Salt Lake City Mime Troup" über die Arbeit auf der Straße entnommen.

Das Wichtigste am Anfang: Zieh dein Kostüm an und geh in die Welt und triff Leute und arbeite! Der beste Platz für solches Unterfangen ist und bleibt die Straße. Andere Leute mögen das Theater vorziehen; doch für mich ist die Straße DER Platz. Machs täglich, geh raus, je mehr je besser, um so schneller lernst du und um so rascher findest du deinen Clown. Es ist möglich von der Straße und dem Hut zu leben. Der Hut ist dein Helferlein, er machts für dich, er hält das Geld. Ich bin im Sommer die englische Küste lang, das ist eine Möglichkeit. Oder die Colleges in den USA. In Frankreich die Riviera langreisen. Das sind Stellen, die ich aus Erfahrung empfehlen kann.

Zur Arbeit: Du brauchst einen Charakter, ein Image. Und: du mußt die richtige Stelle auf der Straße finden. Was nützt dir der tollste Platz hinter einem Haus, wo niemand vorbeikommt. Oder auf einer Verkehrsinsel wenn die Autos dein Publikum ummähen bevor es den Hut erreicht hat. Also paß genau auf, wo du dich hinstellst, check die Umgebung, wo man Menschen ansprechen kann.

Und: wie spricht man Leute an? Der Möglichkeiten sind viele: zum Beispiel das „Bellen" (mit lauter Stimme) „Kommt und erlebt meine Straßenshow! 5 Minuten, nur 5 Minuten! Meine Damen und Herren, treten Sie näher, dies ist Ihre große Chance! Hier und jetzt: Straßentheater! Wollen Sie es erleben? ...Wie gehts alter Knabe?"

Es ist notwendig zu lernen die eigene Energie richtig ein- und umzusetzen, will man die Menschen aufmerksam machen, anmachen. Als ich anfing hab ich einfach jongliert, hab mich hingestellt und mit Bällen geworfen und Tricks ausgespuckt und so die Leute zum Stehenbleiben verführt. Etwas ist wichtig: wenn du eine Menschenmenge unterhalten willst, so konzentriere dich auf eine Person, spiele für eine Person. Die anderen bleiben von alleine stehen. Du suchst dir am besten ein Kind aus und richtest deinen Fokus darauf. Spiel mit dem Kind, habt eine gute Zeit zusammen, bring eure Energie zum Kochen... wenn du dann aufschaust, werden da eine Menge Leute rumstehen und zuschauen!

Finde also einen guten Platz, bring die Leute zum Unterbrechen ihrer Routine. Manchmal klappts nicht so recht, vielleicht sind sie grad auf dem Weg zur Arbeit oder sie wollen nicht aufgehalten werden. So z.B.: „Ich bin in Eile, es tut mir leid. Aber eigentlich sehe ich Sie garnicht." Durch Übung findest du am besten heraus, wie man die Sache (bzw. die Menschen) anpacken muß.

✯✯✯✯✯✯✯✯✯✯✯✯✯✯✯✯✯✯✯✯✯✯✯

EIN LETZTER TIP FÜR DIE SORGENKINDER

Probier es mit übertriebener Langsamkeit. Beiße dir die Lippen wund, runzle die Stirn, aber konzentrier dich. Vergiß die Welt aber achte auf deine Würfe. Das Fangen ist zweitrangig. Wenn die Würfe regelmäßig kommen, geschieht das Fangen von ganz allein.

Etwas Spektakuläres wie Feuerspeien fasziniert auch die meisten Mitbürger, da bleiben sie stehen. Fürs Feuerspeien allein kannst du den Hut herumgehen lassen. Manche vervollkommnen ihr „Bellen", das verbale Anmachen des Publikums so weit, daß es Teil ihrer Schau wird. Wenn du so weit bist, dann hast du wirklich was am laufen.

Wichtig ist auch die Länge der Aufführung. Sagen wir, sie sollte 15 Minuten haben oder gar nur 10 Minuten. Das heißt, du hast 10 bis 15 Minuten Zeit das Publikum (und seine Gunst) zu gewinnen. Wenn sie bald stehenbleiben, sollte dir das schnell gelingen. Die Aufmerksamkeitsspanne der Menschen auf der Straße ist nicht so groß. Also zeig deine Sache, reich den Hut herum und kassier, so ist's am besten. Wenn du eine ganze Stunde rummachst, wird der Ertrag im Hut derselbe sein, als wenn du nur 10 Minuten auftrittst. Also kannst du mit kurzen Auftritten fünfmal so viel einnehmen wie mit einer Stunden-Schau. Dessen solltest du dir bewußt sein.

Kurze Auftritte geben dir auch die verstärkte Möglichkeit abkassieren zu können, bevor die Herren von der Polizei auftauchen (ein weltweites Phänomen, Anm. d. Ü.). Meist stehen die örtlichen Polizisten nicht auf künstlerische Darbietungen auf der Straße. Ich meine, sie sind unberechenbar, manchmal lassen sie dich stehen, andere machen dir den Laden zu, noch andere machen ernsthafte (?!) Schwierigkeiten. Also versuch am Besten ohne Polizei auszukommen.

Wenn du deine Schau absolviert hast, pack dein Geld ein und mach dich weiter und dir wird nichts geschehen. Also kurze Auftritte.

Bei allem spielt es natürlich noch eine große Rolle, wie du es präsentierst. Jango lehrt Präsentation. Egal was du machst, sei es noch so doof, bringe es mit Stil und Überzeugung. Du kannst den dümmsten Trick aufführen und kannst damit die Menschen begeistern. Spring einfach in die Luft und schrei und brüll dabei: ‚Ist das nicht großartig!? Ist das nicht toll?!' – Großartig!

SO WURDE ICH RENALDO LARIFARI

1982 sah ich mir eine freie Theatergruppe (Karl Napp's Chaos Theater) an. Irgendwann zwischendrin kam ein Typ auf die Bühne, fing an eine Geschichte zu erzählen und jonglierte dabei mit 3 Bällen. Ich war fasziniert von dem schwereloser Spiel mit den Bällen und der lockeren Vorführung. Das war nicht so wie im Zirkus oder im Fernsehen, wo hochglanzpolierte, makellose Jongleure ihr Repertoire maschinenhaft-cool herunterspulen. Nein, das ganze war ziemlich leicht und locker vorgetragen.

Wie gebannt starrte ich dem Jongleur auf die Hände und versuchte mir jede Figur, die er warf, einzuprägen. Das wollte ich sofort auch ausprobieren. Das sah spielerisch leicht aus und doch sieht es nach etwas Besonderem — artistisch — aus. Am nächsten Morgen hab ich mir sofort 3 Tennisbälle besorgt und angefangen zu üben. Ich merkte, daß es doch nicht so einfach ist wie es aussieht. Na ja, dann hab ich erst mal mit 2 Bällen geübt. Das dauerte nicht lange, weil ich richtig gebrannt habe endlich richtig jonglieren zu können. So nahm ich wieder 3 Bälle und los gings. Irgendwann (ich weiß nicht wie lange ich dazu gebraucht habe) hat's dann einigermaßen geklappt, so daß ich die Bälle auf die Umlaufbahn schicken konnte. In meinem Zimmer übe ich über der Matratze wie ein Besessener Manchmal packt mich auch die Wut darüber, daß es einfach nicht klappen will, so wie ich mir das denke, und ich schmeiße die Bälle zornig weg. Aber irgendwie packt's mich immer wieder, die Bälle in die Hand zu nehmen und es wieder zu probieren — das muß doch klappen. Ich merke, daß ich langsam Fortschritte mache. Je öfter ich jongliere und je mehr Erfahrung ich habe, desto sicherer werde ich. Und immer wieder diese Konzentrationsgeschichte. Anfangs habe ich mich erst auf den Bewegungsablauf der Bälle konzentrieren müssen bevor ich den ersten Ball überhaupt gestartet hatte. Mittlerweile ist der Bewegungsablauf der Grundfigur mit 3 Bällen zu

„Gewohnheit" geworden, und ich brauche mich nicht mehr so stark darauf zu konzentrieren. Allerdings muß man i m m e r , während des gesamten Jonglierens, ein gewisses Maß an Konzentration beibehalten. Es gibt wohl niemand, der z.B. ernsthaft Zeitung lesen kann und dabei jonglieren.

Nun versuche ich einen neuen Wurf, eine neue Figur, und ich verzweifle fast an meiner Gewohnheit. Die Grundfigur klappt, aber immer wenn ich zur neuen Figur ansetzen will, halte ich an. – Die Macht der Gewohnheit. – Ich muß mich ganz darauf konzentrieren, diesen inneren Stop zu überwinden. Wenn es erst einmal geklappt hat, dann gehts beim zweiten und dritten Mal nur besser. Mittlerweile habe ich ein paar Figuren drauf, und bei jeder Figur war es das gleiche mit der Gewohnheit, mit diesen „eingeschliffenen Bewegungsmustern". Eine neue Figur zu erlernen heißt wieder von vorne anzufangen. Sich und seinen Körper (und die Gegenstände natürlich) dazu zu bringen das zu tun was man sich vorstellt. Erfahrung bzw. Üben, üben, üben ist dabei wohl für die meisten Jongleure der Schlüssel zum Erfolg.

Als ich anfing, habe ich noch in einer WG gewohnt, und meine Mitbewohner sahen mich irgendwie komisch (so großzügig lächelnd) an, wie ich da so in meinem Zimmer ruhüpfte (und 'ne Menge Bruch gemacht hab'!) und versuchte, mir selber Jonglieren beizubringen. Ich bin aber bei der Sache geblieben und hab mir so ein kleines Programm ausgedacht, um auch mal vor Leuten zu spielen. Natürlich war nicht alles sofort perfekt – aber das Echo von den Leuten war fast immer toll. Sie ermuntern, bekräftigen oder trösten dich wenn mal was schief gelaufen ist. Oder applaudieren gar, wenns ihnen gefallen hat. Mit der Zeit spürst du, was nicht so gut ankommt und was gut geht. Wenn du dich hinstellst, anfängst zu jonglieren und verschiedene nicht spektakuläre Figuren zeigst, so kann's passieren, daß die Leute relativ unberührt bleiben. Wenn du aber das ganze auflockerst, hast du sicher mehr Erfolg und letztlich Spaß, z.B. durch eine Geschichte, die du erzählst und dabei die Bälle quasi als Illustration benutzt (z.B.

93

„Ich fühlte mich ziemlich unten...", dabei läßt du den Ball fallen). Mach immer wieder Pausen, um nicht eine Figur nach der anderen abzuspulen. In den Pausen kannst du dann andere Sachen zeigen, z.B. Tanzen, Singen... Denk dir eine Geschichte und Rollen für deinen kleinen Jonglieract aus – (z.B. als Jäger verkleidet, der zwei Bälle wie ein Fernglas vor die Augen hält), so richtig mit Anfang, Ende und Schluß. Natürlich läuft das nicht immer so, wie du dir das ausdenkst. Jonglieren heißt nämlich auch Fallenlassen. Das ist normal. Deshalb ist es auch ganz nützlich, für den Fall der Fälle dir ein paar Gags zu überlegen, mit denen du das überspielen kannst (z.B. machst du sofort eine Pause, wischst dir den Schweiß von der Stirn o.ä.). Wichtig ist auch, vor welchem Publikum du spielst. Bei Erwachsenen kannst du mehr deine Technik zeigen, mit spektakulären Würfen glänzen usw. Bei Kindern, so ist jedenfalls meine Erfahrung, ist es ein bißchen anders, die wollen mehr Action sehen. Darauf solltest du eingehen. Wenn ich vor Kindern jongliere, laß ich ab und zu während dem Jonglieren z.B. einen Ball verschwinden (den klemm ich mir untern Arm oder unters Kinn, laß ihn in die Hose fallen usw. und suche ihn dann mit viel Geschrei). Bei diesem Spielchen sind die Kinder oft sehr rege mit dabei. Dies soll nur eine Anregung sein, wie du die Kinder beim Jonglieren mit einbeziehen kannst.

Jonglieren kann eine sehr kreative Sache sein. Wenn du mit den Bällen spielst, kannst du einen neuen Wurf oder eine neue Fangart ausprobieren/„erfinden" und einüben, um dir dann eine passende Verpackung für das Ganze auszudenken. Zwar gibt es gewisse „Standards"/Muster/Figuren, doch kannst du sie dir immer indiviuell zu deinem Stil zurechtscheidern. Wenn du dich fürs Jonglieren interessierst, wird dein Blick dafür auch geschärft, d.h. du siehst plötzlich Dinge, mit denen du eigentlich auch jonglieren könntest (z.B. die berühmten Apfelsinen, Eier, Thunfischpackungen oder sonstige Lebensmittel, Jonglierkeulen, Tennisschläger, Fackeln, Ringe, Cigar-Boxes...), lernst vielleicht andere Leute kennen, die auch jonglieren. Es kommt schon vor, daß dich jemand anspricht und erzählt, daß er auch jongliert. Oft ist es so, daß andere Jongleure, was Proberäume, Jonglier-Material, Jonglierliteratur u.ä. betrifft, in einer ähnlichen Situation sind wie du. Ich treffe mich z.B. regelmäßig mit verschiedenen Jongleuren aus dem Rhein-Neckar-Kreis (Hallo Thomas, Reinhold, Werner, Wolf, Irmi, Carola, Roland, Werner!), und wir machen sowas wie 'ne „Jonglersession". Und ich weiß, daß es in anderen Orten ähnliche Treffs gibt, in ganz Deutschland; vielleicht sogar in der ganzen Welt!

Renaldo Larifari

Renaldo ist nicht nur Jongleur, sondern dazu noch Clown, Pantomime, KinderTheaterAktiver und etliches mehr.

„Erst nimmst du einen Ball,
den wirfst du ganz schön hoch,
paß auf, daß du ihn fängst,
das kannst du doch!

Ein zweiter Ball dazu,
und wirf sie ganz schön weit,
wenn sie dann auf den Boden fall'n,
dann nimm dir noch mehr Zeit!

Doch langsam wird es schwer,
ein neuer Ball muß her,
mit dreien um die Wette werfen,
eins, zwei, drei!

Hei, der Ball, der fliegt!
Nun fang ihn wieder auf!
Wenn du ne Weile übst,
kannst DU das auch???"

(aus der Platte „Menschenskinder")

25 JAHRE INTERNATIONALES JONGLEUR-ARCHIV IN BERLIN

Seit nunmehr 25 Jahren ist das in der Welt wohl bedeutendste und umfangreichste Archiv über die Jongleurkunst bei Karl-Heinz Ziethen in Berlin beheimatet. Mit 160 Leitz-Ordnern, ca. 10.000 Fotos und umfangreicher Fachliteratur ist die Geschichte der Jonglerie und seiner bedeutenden und unbedeutenden Interpreten erfaßt, katalogisiert und für die praktische sowie wissenschaftliche Arbeit aufbereitet. Diese hervorragende Spezialsammlung gibt über mehr als 5000 Jongleure und Tricks nahezu erschöpfend Auskunft. Zur Ergänzung seiner Sammlung gehören Requisiten, Plakate, Zeichnungen, Videos und die einzigartigen Filme von den berühmtesten Jongleuren der Welt, angefangen um 1900.

Der 38jährige **Karl-Heinz Ziethen,** wohnhaft in **1000 Berlin 47, Lipschitzallee 75,** ist selbst in den letzten Jahren viel gereist, hat als Seemann Südamerika, die USA, Kanada, Afrika und ganz Europa in jungen Jahren kennengelernt und somit auch Kontakte mit den Jongleuren geknüpft. Als Amateurjongleur ist er ebenfalls erfolgreich in Erscheinung getreten. Darüber hinaus verbindet eine persönliche Freundschaft fast jeden Jongleur mit Karl-Heinz Ziethen, und so ist eine großartige Interessengemeinschaft mit den meisten Jongleuren durch und mit Ziethen entstanden, die zueinander und miteinander stehen. Das zeigte sich gerade, als Ziethen im vergangenen Jahr in London zwischen einen Eisenbahnzug geriet. Zahlreiche Jongleure, die von dem schrecklichen Unfall hörten, besuchten ihn während seines über einjährigen Krankenhausaufenthaltes.

Sein reiches Wissen über Geschichte und Gegenwart der Kunst des Jonglierens hat Ziethen kürzlich in einem zweibändigen Werk niedergelegt. Es erschien bedauerlicherweise nur in englischer Sprache, und so hofft Karl-Heinz Ziethen, daß das Fachbuch auch eines Tages in seiner Muttersprache erscheinen wird.

E. Falkenberg

JONGLEURTREFFEN

In vielen Städten treffen sich Jongleure regelmäßig einmal die Woche um gemeinsam zu trainieren, sich auszutauschen etc. Hier ein paar Hinweise:

BERLIN
Di 18.00 "Statthaus Böcklerpark"
im Böcklerpark, Kreuzberg
So ab 13.00 Technische Uni,
Straße des 17. Juni
(Pförtner fragen!)
KONTAKT: Michael Genähr,
Leydenallee 39, 1000 Berlin 41,
Tel. 030-7917338 oder
Karin Johnson, Wielandstr. 13,
1000 Berlin 12, 030-3247141

UFA-GELÄNDE
Scotti
Viktoriastraße
1000 Berlin-Tempelhof

RENALDO LARIFARI
Schifferstatterstr. 16
6800 Mannheim 81
Tel. (0621) 894407
In Mannheim treffen sich die
Jongleure jeden Montag

HEINRICH DREESEN
Jongliergruppe KUGELBLITZ
Delbrückstraße 6
2800 Bremen 1
Bürgerpark 19.00-21.00 dienstags
(Sömmer) Kontakt: Viktor Malsy,
Tel. 0421-349368 oder Heinrich
Dreesen, Tel. 0421-3498529

WIESBADEN
Schwerkraft – na und!
Paul Keast, Nerostr. 38
Tel. (06121) 521617
18-21 Uhr donnerstags
Nerotalanlagen (Sommer)
Haus der Jugend (Winter)

BIELEFELD
Uwe Koltzsch
Bachstr. 9
4509 Spenge

MARBURG
Kontakt: Kathrin Meyerdierks
Haspelstr. 7
3550 Marburg
Tel. 06421–22789

FRANKFURT
Donnerstag abends im kleinen
Saal des Volksbildungsheims
Kontakt: Fritz Brehm
Tel. 069-252265

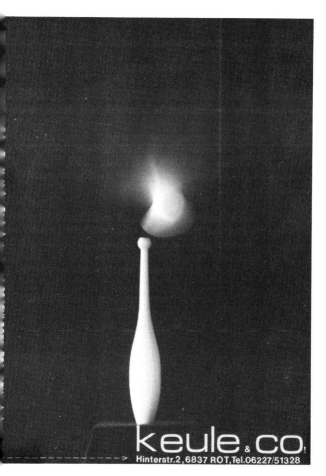

Das Fachgeschäft für Jonglaure

Alleinvertrieb von BRIAN DUBÉ
juggling equipment, New York

Hasenheide 54 · 1000 Berlin 61

U-Bahn Südstern

Telefon: 0 30/691 87 69

Di.-Fr. 14-18.30 Uhr · Sa. 10-14 Uhr

Prospekt anfordern!

die Jonglerie

Dieses Büchlein, JONGLIEREN LEICHT GEMACHT, kost
7,50 DM. Wenn du für Freunde/Flohmärkte/Läden 10 Stü
bestellst, bekommst du sie für 50 DM incl. Porto. Ist das
Angebot? Der schnellste Weg, mit JONGLIEREN Geld zu v
dienen! Wir haben genügend Bücher auf Lager...

Außer dem JONGLEUR ARCHIV von Karl-Heinz Ziether
gibt es auch noch eines in Süddeutschland: **Hermann Sage
müller in 8860 Nördlingen-Baldingen** (Wekhrlinweg 21, Tel
09081/87355) hat eine Sammlung von über 6000 Jongleur
nummern aus allen Zeiten und Nationen.

- KASKADE

  die europäische Jonglierzeitschrift,

  die ab sofort unregelmäßig erscheint.
  Preis pro Ausgabe 3 DM plus Porto.
  Kontakt: Gabi Hartmann/Paul Keast,
  Nerostraße 38, D-6200 Wiesbaden

BÜCHER

DIE KUNST DES JONGLIERENS

Von Nikolai Ernestowitsch Baumann (Pädagoge an der Zirkusschule in Moskau), erschienen 1962 im Zentralhaus für Kulturarbeit der DDR, Leipzig.

Dieses seit langem vergriffene Werk ist die genaueste Anleitung für den Profi. Anfänger werden es schwer haben, da die Erklärungen der einzelnen Übungen Fachwissen voraussetzen. Dafür enthält der Band aber den korrekten Lehrplan einer dreijährigen Jongleurausbildung. Nicht nur das Jonglieren mit den herkömmlichen Gerätschaften (jeweils bis zu 6 Teile), sondern auch Kapitel über Balance, virtuoses Jonglieren mit verschiedenen Gegenständen, Paar- und Gruppen-Jonglieren bis hin zu szenarisch aufgebauten Nummern für sechs Teilnehmer.

MICHAEL KARA
König der Jongleure – Jongleur der Könige

Zusammengestellt von Hermann Sagemüller und im Selbstverlag herausgegeben. Ein sehr ansprechend gemachtes Büchlein über den Erfinder des „Gentleman-Jongleurs". Kara war einer der Vorgänger Rastellis, und auf 40 Abbildungen sind einige Tricks zu bestaunen. – Keine Anleitung, aber ein Schmuckstück. Preis incl. Porto: 9,60 DM. Bezug: Hermann Sagemüller, Wekhrinweg 21, 8860 Nördlingen-Baldingen.

JONGLIEREN

Locker gemachtes Heftchen der Bremer Jonglierszene. Viele 3-Ball-Variationen, über 40 Seiten. Für den Einsteiger. Bezug: Packpapier Versand, Postfach 1641, 4500 Osnabrück. Preis: 2,50 DM (+1,– DM Porto nicht vergessen!).

- **THE ART OF JUGGLING**

  von K. Benge ist von den z.Zt. lieferbaren Büchern wohl d
  beste für jene, die tiefer in die Materie einsteigen wollen.
  englischer Sprache. Ca. 140 Seiten, ca. 19,80 DM.

- **THE JUGGLING BOOK**

  von Carlo beschreibt nicht nur Tricks und Möglichkeite
  sondern Carlo gibt sehr gute Anregungen zur Arbeit m
  Körper & Geist. Er zeigt, daß Jonglieren eine ganzheitlich
  Therapie sein kann, "but you can only do it with your hands..
  Sicherlich das "new-age" Buch zum Thema. Leider wen
  Illustrationen. 102 Seiten, ca. 22,— DM

- **COMEDY JUGGLING**

  von Rich Chamberlin ist eine lustige Angelegenheit. Anleitu
  gen, wie man als Jongleur die Zuschauer zum Lachen bring
  Rich ist auch Clown, und das Jonglieren ist nur ein Teil sein
  Vorstellung. Einige der „Fehlerkorrekturen" in diesem Büc
  lein stammen aus seiner Sammlung. Ca. 66 Seiten, ca. 10,80 D

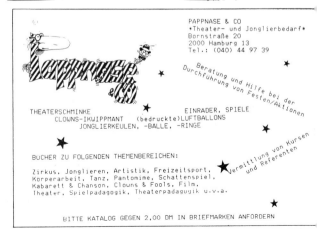

-Anzeige-

JUGGLING
The Art And Its Artists
von Karl Heinz Ziethen und Andrew Allen

Rechtzeitig zur Saison '86 kommt dieses wunderbare Bilderbuch auf den Markt. Laß dich vom englischsprachigen Titel nicht täuschen, es ist vorwiegend ein Bilderbuch: 290 s/w Fotos, 8 Farbfotos, 93 Zeichnungen. Das Beste vom Besten. Die schönsten Augen-Blicke aus Ziethens weltweit anerkannt größtem Jonglierarchiv. Eine Augenweide jagt die andere...

Der knapp gehaltene Text ist auch in deutscher und französischer Sprache als Beiheft gesondert zu bekommen. Dazu gehören auch Kurzbeschreibungen von 200 Jongleuren.

Allerdings geht es hier um die Kunst des Jonglierens, nicht um die Volksbewegung. Das finde ich etwas schade, denn Fotos von den Conventions oder von Straßenleben wären sicherlich auch ein interessantes Kapitel wert gewesen. So sieht man auf den Bildern immer nur zweierlei: den Menschen und das bzw. die fliegende(n) Objekt(e). Auch ein entsprechender internationaler Literaturteil hätte mich erfreut, aber das Buch sprengt so schon den Rahmen.

Jeder, der sich nur einen Hauch für das Jonglieren interessiert, wird dieses Buch haben wollen. Einige werden sich leider durch den Preis nicht so schnell zum Kauf entschließen können: 98 DM (plus 8 DM Porto, plus 5 DM für die deutsche Übersetzungsbeilage) sind ein ganz schöner Happen. Aber die Aufmachung und Verarbeitung ist entsprechend. Das Buch ist seinen Preis unbedingt wert und wird weltweit sicherlich als neues Standardwerk in die Jongliergeschichte eingehen.

Außerdem gibt es unter dem Titel: JONGLIERKUNST IM WANDEL DER ZEIT ja immer noch eine Kurzfassung zum Preis von 14,50 DM für die kleinen Voyeure. Erschienen im Verlag RLV – Rausch & Lüft, Hasenheide 54, 1000 Berlin 61.

363 Seiten Großformat, Kunstdruckpapier, silberner Schutzumschlag. ISBN 3-9801140-1-5.

Neuer Preis: DM 129,– + DM 8,– für Übersetzungsbeilage

Stoffzuschnitt für Bälle

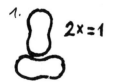

1. 2 Teile = 1 Ball
2. möglichst prall füllen
3. Naturreis als Füllung bröselt nicht

Originalmaße: 14,5 cm / 3,5 cm / 4,7 cm
15,5 cm / 4,3 cm / 5,5 cm

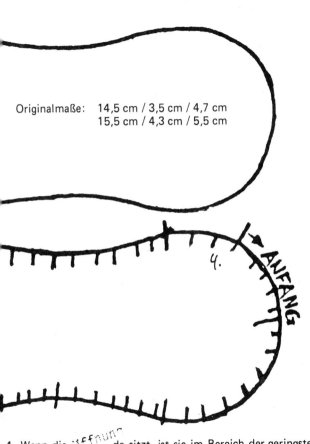

4. Wenn die Öffnung da sitzt, ist sie im Bereich der geringsten Spannung

KEULENBAUANLEITUNG

Keulen können auf verschiedene Weise hergestellt werden. W
werden über die einfachsten Möglichkeiten berichten. Die Ke
le besteht aus einem Kopfteil, einem Griff (den man auf eine
Drehbank anfertigen sollte) und einem Kern- oder Mitteltei
In die Mitte des Griffteiles wird eine Öffnung eingelassen, u
das Kernstück einzuleimen. In der Mitte des Kernstückes wir
entweder ein Furnierring oder eine achtkantige Scheibe au
gesetzt, je nach der geplanten Außenform der Keule.

Um eine kantige Keule zu erhalten, wird die achtkantig
Scheibe auf das Mittelstück aufgesesetzt. Am Ende des Mitte
teils wird der Kopf befestigt. Dafür muß in der Mitte des Kop
fes die entsprechende Öffnung vorhanden sein. Danach werde
Furnierstreifen aus 2 mm starkem Birkenfurnier aufbereite
Ein Ende jedes Streifens wird jeweils mit kleinen Nägeln an
Griff der Keule befestigt, der andere am Kopf. Die Furnier
streifen müssen sauber aneinandergefügt sein. Hat man all
Streifen angenagelt, wird die Keule mit Stoff beklebt (de
Stoff sollte möglichst neu sein, damit er eine längere Haltba
keit hat). Aus dem Stoff werden zwei so breite Streifen Stof
geschnitten, daß beim Bekleben ein Streifen über den andere
kommt. Diese Oberfläche wird jetzt noch mit Zeitungspapie
beklebt, wobei Leim verwendet werden muß, der Feuchtigke
verträgt, sonst würden die Keulen beim Jonglieren leicht a
den Händen kleben bleiben.

Will man eine runde Keule herstellen, wird das Kernstüc
mit einem Holzring versehen, und an Stelle der außen zu be
festigenden Holzstreifen werden Bambusstreifen verwendet
Solche langen Bambusstreifen kann man aus Angelruten ge
winnen, muß sie aber so aufspalten, daß die Bambusstreife
flach und glatt sind. Die für die Nägel notwendigen Löche
sollte man vorbohren, damit die Streifen beim Aufnageln
nicht platzen. Die aufgenagelten Bambusstreifen werde
ebenfalls mit Stoff und Papier überklebt.

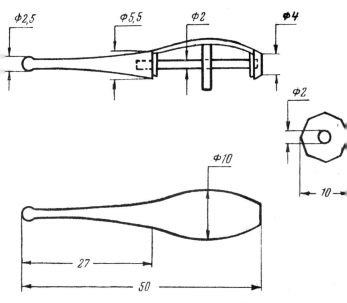

Es gibt auch noch folgende Art und Weise, Keulen zu basteln: An Stelle der Bambus- oder Furnierstreifen werden feste Garnfäden gespannt, dazu werden vorher an Griff und Kopf die Nägel im Holz endgültig befestigt. Wenn die Fäden dann mit Stoff und Papier überzogen sind, erhält man eine rhombische Keulenform. Den Trainingsgegenstand für das Jonglieren sollte man gut mit Farbe versehen, damit seine Lebensdauer erhöht wird und auch aus Gründen der Hygiene; er ist so leicht zu reinigen.

Am einfachsten (und wohl auch zeitgemäß) bastelt man sich eine Keule mit Hilfe einer Plastikflasche, die man über einen Stock zieht. Oder mit Hilfe von geköpften Kinderkegeln. — Denk dir was eigenes aus!

FACKELBAUANLEITUNG

Die Fackeln können ohne weiteres selbst angefertigt werden. Dazu benötigt man einen 48 cm langen Birkenstock, der konusförmig zugeschnitten wird. Das eine Ende hat einen Durchmesser von 2,5 cm, das andere Ende — der Griff — 3 cm. Am oberen Ende wird Blech in einer Breite von 20 cm angebracht und auf das Blech wird — 2 cm vom oberen Ende der Fackel beginnend — ein 6 cm breiter Docht gewickelt, drei Reihen aufeinander. Die so fertiggestellte Fackel muß noch gut abgeschmirgelt werden, damit sie glatt und griffsicher ist. Man kann die Fackeln auch auf der Drehbank anfertigen. Dazu schneidet man anfangs einen Holzgriff aus, auf den dann eine metallene Röhre aufgesetzt wird. In diese Röhre müssen einige Löcher eingebohrt werden, damit das Metall schneller abkühlen kann. Auf das Ende der Röhre wird eine runde Scheibe aufgesetzt, deren Durchmesser etwas größer sein muß als der Durchmesser der Röhre. Im Zentrum dieser Scheibe wird ein Kern befestigt (Durchmesser 8,8 cm), mit einem Gewinde am Ende. Auf ihn werden kleine Asbestscheiben aufgesetzt. An das äußerste Ende des Kernes kommt eine Unterlegscheibe und eine Mutter.

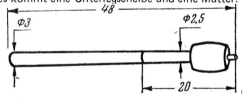

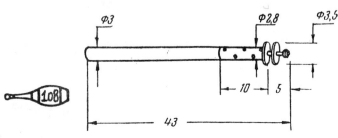

BILDERVERZEICHNIS

Foto Innencover vorn: Bello — fotografiert von Berti Engelke + Seiten 8, 112, 113, 115: Intern. Jonglier Archiv Karl-Heinz Ziethen + Die Fotos der Brothers Karamansow Seiten 17, 110/111 von Nico von Holtey + Seite 53: Eddy der Jongleur + Seite 83: Michael Kara, aus gleichnamigem Buch + Seite 94: Renaldo Larifari + Die Illustrationen auf den Seiten 107, 108 und 114 von Ernestowitsch Baumann.

Alle anderen Illustrationen von GERD HOSUMBEK

Die Wallastons, um 1955

Gitta Elsys u. Co., Leipzig, um 1953

Keulen-Schwinger-Ankündigung um 1820. Historisches Museum der Stadt Wien

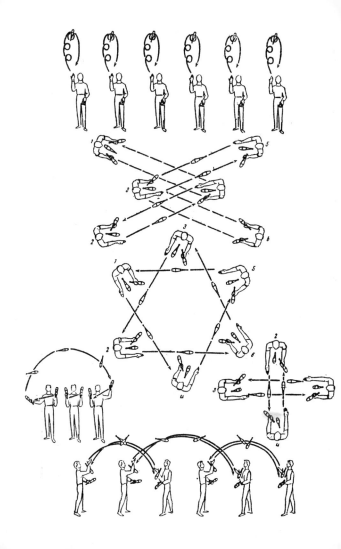